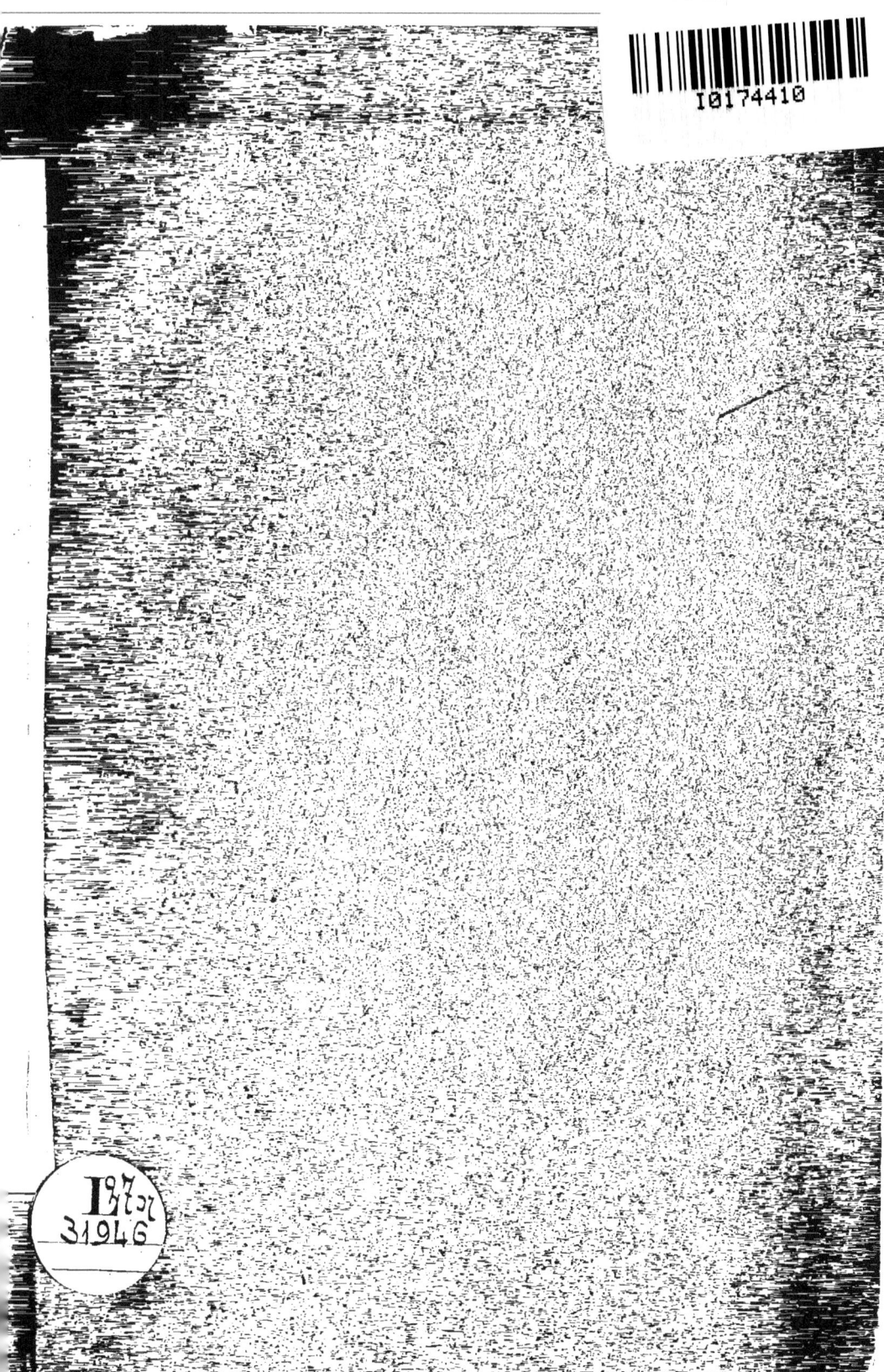

LE
COMTE JOSEPH DE CORDON

SOUVENIRS

RÉUNIS POUR SES ENFANTS

Par un de ses Amis.

Conserver la couverture

> J'étais un homme, c'est-à-dire un combattant.
> (GŒTHE.)

CHAMBÉRY
IMPRIMERIE CHATELAIN, SUCCESSEUR DE F. PUTHOD
4, AVENUE DU CHAMP-DE-MARS, 4

1880

LE
COMTE JOSEPH DE CORDON

SOUVENIRS

RÉUNIS POUR SES ENFANTS

Par un de ses Amis.

> J'étais un homme, c'est-à-dire
> un combattant.
> (GŒTHE.)

CHAMBÉRY
IMPRIMERIE CHATELAIN, SUCCESSEUR DE F. PUTHOD
4, AVENUE DU CHAMP-DE-MARS, 4

1880

LE COMTE JOSEPH DE CORDON

I

J'ai beaucoup aimé votre père, et cette affection vous rendra peut-être suspecte l'exactitude de mon récit. — Rassurez-vous pourtant, mes chers amis, car on ne peut exagérer en parlant de sa foi, de sa bonté ou de sa bravoure.

Tout cela, je le sais, est héréditaire dans votre famille. Nos vieux papiers savoyards sont là, qui portent votre nom à la marge de leurs pages les plus brillantes ; ces pages, je les transcrirais ici s'il en était besoin. Mais pourquoi éparpiller l'éloge sur vos grands parents, quand votre père a personnifié leurs vertus et vous suffit comme exemple ?

Votre père, je l'ai connu bien jeune, à peine grand comme vous l'êtes aujourd'hui. Avec ses cheveux frisés, ses yeux si francs, son bon sourire, il était charmant. — Je ne crois pas qu'il eût alors plus de dix ans. — C'était en 1847. — Nous entrions tous deux au collège des Jésuites à Chambéry. Vous voyez que notre amitié est ancienne ; comme les meilleures, elle date de notre enfance.

Je reviens à votre père. Nous l'appelions *Cordon-bleu*, je ne sais plus pourquoi. Tout le monde, il est vrai, ne se permettait pas cette familiarité ; car, si petit qu'il fût, il savait déjà se faire respecter autant qu'aimer, ce qui n'est pas chose commune. Ce respect et cette affection qu'il inspirait aux bons et aux méchants de notre bande, tenaient, je crois, à sa grande réputation de bravoure et de loyauté. Elle était si bien établie, qu'au jeu et à la bataille, votre père était l'arbitre de notre petit monde. Il en sera toujours ainsi ; les enfants comme les hommes vont d'instinct vers ceux que Dieu a faits pour les commander.

Voici à ce propos un bien vieux souvenir, puisqu'il date de notre entrée au collège. Je vous l'ai dit, c'était en 1847. L'hiver, cette année-là, fut affreux. La quantité de neige tombée était énorme ; nous grelottions comme de pauvres oiseaux figés dans tous les coins de la cour. L'idée, qu'une grande bataille nous réchaufferait, vint tout à coup à votre père. Son ascendant sur nous rendit bientôt l'idée contagieuse et galvanisa les plus démoralisés. Nous voilà tous, jésuites et gamins, élevant, d'après ses plans, une citadelle de neige. Je la vois encore. — Elle avait au moins dix pieds de haut avec ses créneaux et ses parapets de glace. Nous travaillâmes sans relâche. Après les quinze jours qu'il nous fallut pour l'achever et la munir de projectiles (aussi durs que pouvaient les pétrir nos pauvres mains gercées), notre camarade Courtenay s'y enferma avec une vingtaine de défenseurs. Ils déployèrent leur drapeau, — un cache-nez au bout d'une échasse.

Votre père s'était réservé de mener l'attaque. Cette attaque fut admirable. Des deux côtés, on y allait de franc jeu. Nous nous criblions de boules de neige, dures, en vérité, comme des cailloux. Cordon, ravi, se battait au premier rang parmi les simples soldats. Le succès fut longtemps indécis, mais voilà qu'un troisième assaut est repoussé ! Ma foi, nos troupes se débandèrent et chacun décampa. Votre père, désespéré, revint seul à la charge... si violemment, qu'il saisit le drapeau.

Ce fut une minute terrible... hélas ! sans lendemain. Notre général roulait au bas des remparts, tout meurtri et le visage en sang. Il fallut l'emporter. Pendant qu'on l'emportait à l'infirmerie, il parlait de revanche et faisait le poing à Courtenay. Le brave petit voulait encore se battre, comme plus tard, après les désastres de Castelfidardo, de Gaëte et de Bettoncourt... Votre père fut toujours le soldat des causes malheureuses. C'est un bel éloge à faire de lui.....

J'aurais plus de détails à vous donner sur son enfance, mes chers amis, si la Révolution de 1848 ne nous avait séparés en nous jetant tous à la porte du collège. Ce jour-là — pour la seule fois de sa vie, — votre père fut révolutionnaire ; la Révolution fermait sa classe, où il s'ennuyait, pour le ramener à la Balme, où il s'amusait infiniment. Malheureusement, M. le comte Jean-Jacques de Cordon, votre grand-père, n'entendait rien aux droits de l'homme. Joseph eut beau en faire le *palladium* de ses libertés, on l'envoya au Petit-Séminaire de Rumilly. Il y acheva de fort bonnes études, ce qui pourtant ne l'empêcha pas de trouver toute sa vie que l'encre tache les doigts.

Nos grands parents, dit-on, étaient de ce sentiment, et votre père fut toujours de leur temps plus que du nôtre. L'en blâme qui voudra ; bien des gens, comme moi, l'en aimeront davantage. Car sur le fond banal des idées et des théories modernes, on est heureux de voir se détacher le vigoureux relief d'un homme d'autrefois.

Ces gens d'autrefois (dans votre famille, il en était ainsi) se transmettaient de génération en génération tout un patrimoine d'honneur, avec l'épée que chacune d'elles portait au service du pays et du prince.

Quant vint le tour de votre père, il se trouva malheureusement que tout était changé, et que la vieille épée n'avait plus rien de commun avec eux. Pourtant la laisser rouiller au fourreau était chose impossible.

L'embarras où se trouvait votre père est vieux au monde, comme l'honneur, vieux comme le devoir. Je me souviens à ce propos d'une légende allemande que je veux vous raconter.

« En ce temps-là, vivaient deux chevaliers, l'un
« était vieux, possédant l'expérience et la sagesse ;
« l'autre était jeune et consultait sans cesse son
« compagnon sur les choses de l'honneur.

« Le vieillard mourut pendant que le jeune che-
« valier était à la croisade. Le désespoir du retour
« fut grand.

« Pendant que le jeune chevalier se désolait dans
« la *Burg*, il entendit une petite voix grêle parler
« auprès de lui. Il se retourna et vit l'épée du
« vieux chevalier suspendue à la muraille.

« Il s'approcha. L'épée disait : Mon maître est
« mort ; il m'a laissée pour te conseiller et t'apparte-
« nir après lui.

« Le jeune chevalier, ravi, demanda conseil à
« l'épée. Il avait justement à prendre parti entre un
« puissant seigneur et un couvent de pauvres moi-
« nes :

« L'épée frémit dans son fourreau de cuir et ré-
« pondit si haut que les vitraux de la salle en
« tremblèrent :

« Engelhart, par l'âme de mon vieux maître et
« pour le salut de ton âme, ne me conduis jamais
« qu'au secours du faible. »

Et ainsi fit Engelhart jusqu'à la fin de sa vie, et
ainsi fit votre père jusqu'à la fin de la sienne.

Il y avait à Rome péril pour le faible, votre père y
alla.

II

Notre pays peut être fier d'avoir donné au
Pape ses premiers défenseurs. Mortillet, Chyllaz,
d'Yvoire, de Maistre, Buttet et votre père ont pré-
cédé là-bas Charette et ses zouaves. Pour les nôtres, ce n'est pas un mince honneur d'avoir montré le chemin à de tels hommes ; il est d'autant
plus grand, que la mode alors n'était pas à l'armée
du Pape ; je ne sais quelle idée ridicule s'y attachait
de processions et de sacristie. Votre père, qui avait
le sentiment de l'honneur plus raffiné que personne,

fit un acte héroïque en bravant tout cela. Mais voyez comme il fut récompensé. Est-il maintenant une armée plus légendaire que celle de Castelfidardo et de Mentana ! Remarquez combien la persécution grandit tout ce qu'elle touche, et quels admirables dévouements elle fait toujours éclore autour de ses victimes.

Si vous vous reportez aux événements de ce temps-là (je n'en veux retenir que ce qui est strictement nécessaire à la clarté de mon récit), vous verrez que la Révolution avait fait depuis dix ans de terribles progrès en Italie. Iscariote et sa bande rôdaient déjà dans la nuit, et l'oreille de Malchus commençait à tenter les gens de cœur qui, comme votre père, gardaient l'entrée du jardin.

Il était alors sous-lieutenant au premier régiment étranger. L'épée qu'il portait au côté ne l'avait pas, vous me croirez sans peine, rendu plus patient qu'autrefois. Les révolutionnaires romains, les pires révolutionnaires que je sache, avec leurs mines hypocrites et fanfaronnes, mettaient votre père absolument hors de sang-froid.

Je le rencontrai un jour à Rome, via Condotti ; il chassait devant lui toute une bande de ces honnêtes gens. Leurs propos, dans une trattoria voisine, lui avaient déplu ; d'un geste il les avait mis à la porte. Sa colère était superbe ; elle lui faisait trouver en français et en italien, à leur adresse, les noms et prénoms les plus introuvables. Eux filaient sans mot dire. Je crois qu'ils faisaient sagement, et sagement aussi de se tenir hors de sa portée.

Votre père était là dans son expression de lui-même la plus vraie. Je le retrouvais tel qu'autrefois je l'avais connu, bon, généreux, serviable, prompt à l'attaque comme à la riposte, et merveilleusement à son affaire au régiment ; car l'affaire de votre père a toujours été de commander à des soldats. Il était chef à un rare degré. Sa belle figure en imposait : il inspirait confiance quand personne n'en inspirait plus. Jamais son visage ne trahit un danger ; je l'ai entendu me dire : « Mon commandant, nous sommes f... » de l'air le plus souriant du monde.

Cet admirable tempérament de soldat fut bientôt remarqué, et deux ans après son entrée au régiment, votre père passait lieutenant au choix. Vous avez à la Balme son brevet signé par le cardinal Antonelli.

Du grand ministre ou du lieutenant, je ne dirai pas qui était le plus dévoué ; mais je sais bien qu'ils n'eussent pas défendu le Saint-Siège de la même façon. Vous verrez plus tard, mes chers amis, quand vous serez grands et si Dieu vous mêle aux choses de la politique, que la Révolution ne se décourage jamais devant l'habileté, parce que l'habileté qui traite avec elle a toujours l'air de la craindre. La Révolution ne s'aplatit que devant la force. Tout gouvernement qui a le sentiment de sa force vit et prospère. Dès qu'il use de finesse, il est perdu. Mais encore, comme tout remède, faut-il que la force soit employée à temps.

En 1860, le Saint-Père s'y résolut trop tardivement. Rome était moralement déjà au pouvoir de l'ennemi. La guerre d'Italie avait enflé à l'excès l'outrecuidance piémontaise. Garibaldi et ses bandes se voyaient fêtés par tous comme des libérateurs. Cavour indiquait à la Révolution Rome capitale pour objectif, tandis que l'empereur des Français, sommé de tenir de vieux engagements, consentait à laisser faire, pourvu que l'on *fît vite*. L'évêque d'Orléans a dit que c'était alors l'abominable hallali de tous les aboyeurs du monde sur un vieillard terrassé [1].

L'écho de cette chasse infernale produisit en Europe, en France surtout, l'émotion la plus violente de notre temps, pourtant si bouleversé; il en résulta le plus beau mouvement catholique qui ait agité le monde depuis les croisades. Vieux et jeunes accoururent pour défendre la Papauté. « Tous oubliaient leur âge, leur condition sociale, « leurs intérêts les plus chers, pour ne plus être « que les simples et obscurs défenseurs d'un ma- « gnifique principe [2]. »

A ce moment si grave, un double deuil retenait malheureusement votre père loin de Rome et du régiment. Vous aviez, en quelques semaines, perdu votre grand-père et une tante. Votre grand'mère demeurait seule à la Balme et, en proie au plus violent chagrin, avait rappelé son fils.

Joseph, en arrivant, s'était fait attacher, pour la forme, au dépôt de recrutement à Nantua. C'est là que le surprirent les événements de 1860. Il y apprit à la fois la réorganisation de l'armée pontificale et l'arrivée de Lamoricière à Rome. Tous les nôtres là-bas se préparaient à besogner vaillamment. Mortillet était attaché au général en chef;

---

[1] *Oraison funèbre de Lamoricière*.
[2] *Souvenirs de l'armée pontificale*, par M. DE BECDELIÈVRE.

Chyllaz, d'Yvoire, Buttet, de Maistre, avaient chacun une compagnie de tirailleurs. Seul, votre père se voyait retenu, par ses nouvelles fonctions, loin du champ de bataille que son instinct pressentait.

Quand on raconte devant vous une belle action, votre cœur ne bat-il pas plus fort, mes chers amis? Que ne donneriez-vous pas pour l'avoir faite ou pour en avoir eu votre part? Vous n'êtes pourtant encore que des enfants. Jugez par votre émotion de l'émotion de votre père retenu, comme je vous le disais, loin des fusils et des canons que l'on chargeait à Rome.

Dans de pareils moments, les soldats ont une façon de prier que Dieu entend volontiers : « Mon « Dieu, disait Lahire, faites pour Lahire ce que « vous voudriez que Lahire fît pour vous. » Votre père dut trouver quelque chose de semblable à dire, car il fut immédiatement exaucé.

Voici le texte de la dépêche qui le rappelait. Vous verrez en la lisant, si j'ai surfait la réputation que votre père s'était acquise :

Le comte de Cordon demande à rentrer par tous les courriers. Il passe pour un des plus vigoureux officiers étrangers. Dans le moment actuel, j'insiste pour que l'on fasse immédiatement droit à sa demande[1].

Le général en chef,
LAMORICIÈRE.

On rappelait votre père le 17 août; le 8 septembre suivant, la violation du territoire pontifical était un

---

[1] L'original de cette dépêche se trouve entre les mains de de M. le colonel DE MORTILLET.

fait accompli, Pezzaro tombait aux mains piémontaises et le général de Lamoricière dirigeait toutes ses forces sur Ancône.

On lui a reproché cette marche en avant, alors, disait-on, qu'il eût mieux fait de couvrir Rome. Mais écoutez : voici les sublimes raisons de sa faute.

« Il nous faut, écrivait le général à M. de Becde-
« lièvre qui commandait sous ses ordres les tirail-
« leurs franco-belges, il nous faut une protestation
« sanglante. Dans cette armée sur laquelle nous ne
« pouvons compter, il nous faut un noyau de sol-
« dats prêts à tous les sacrifices. J'ai jeté les yeux
« sur votre corps. Tenez seulement une heure; c'est
« tout ce dont nous avons besoin. Car nous savons
« mieux que personne que les moyens matériels et
« purement humains nous manquent et que la vic-
« toire n'est point notre but [1]. »

Comprenez-vous ce que de telles paroles exprimaient de dévouement et d'abnégation? Un succès avait marqué pour le général chacune des étapes de sa vie politique et militaire. Il venait de retrouver dans l'exil un regain de popularité ; eh bien, il risquait cette popularité pour une cause impopulaire et son prestige de soldat dans une bataille perdue d'avance! Pourquoi tant de sacrifices? Parce que la cause qu'il servait était juste et sainte. Pour récompenser de tels héroïsmes, il faut vraiment la puissance de Dieu.

Ce même héroïsme, sans compensations humaines, se retrouvait à tous les rangs de cette armée

---

[1] *Souvenirs de l'armée pontificale,* par M. DE BECDELIÈVRE.

dont était votre père. Si donc plus tard dans la vie vous êtes heureux, si Dieu vous sourit, c'est que, selon cette belle parole du P. Lacordaire, il aura reconnu Abraham dans Jacob et Jacob dans Isaac, c'est qu'il reconnaîtra toujours pour siens les enfants de ses soldats.

III

A Castelfidardo, coula le sang que Lamoricière voulait jeter à la face de la Révolution pour la marquer d'un stigmate éternel. Dans l'estime du monde, cette fois, — c'est là un fait unique dans l'histoire, — la victoire appartint au vaincu.

Je ne vous raconterai pas les détails du combat, puisque votre père, si grande diligence qu'il eût faite, ne débarqua pas à temps pour en avoir sa part. Pour lui, qui eut toujours à accourir sur un champ de bataille l'empressement que d'autres mettent à s'en éloigner, la déception fut cruelle ; ce qui la rendit plus amère encore, c'est qu'il ne put même pas se jeter dans Ancône, que les Piémontais assiégèrent après Castelfidardo. Vous savez cette histoire, partout on croyait Rome menacée. Mais voilà que tout à coup Cialdini s'arrêta. — Selon le mot de M. Thiers si juste dans sa trivialité, M. de Cavour craignait-il *de crever, s'il mangeait du Pape?* La conquête des Marches suffisait-elle pour l'instant à tenir en haleine l'idée italienne? Je n'en sais rien, mais j'ai des raisons de penser que l'Europe n'était pas demeurée absolument indifférente devant le crime accompli. Sans doute le ministre voulait avoir aux yeux de la diplomatie, la main forcée par des événements qu'il se réservait de faire naître à beaux deniers comptants.

Pour ces raisons ou pour d'autres que j'ignore, M. de Cavour jugeait donc prudent de laisser à Garibaldi le soin de poursuivre l'œuvre ébauchée. Garibaldi ne s'arrêtait pas à la pensée que l'armée française d'occupation pût gêner ses mouvements. Ce ne furent donc bientôt, dans les États pontificaux, que bandes garibaldiennes croisant dans toutes les directions, insurgeant les villages, arrachant et foulant aux pieds, partout où elles les rencontraient, les couleurs pontificales.

Il fallait que le Pape abdiquât ou qu'il fît acte d'autorité. Il se résolut à ce dernier parti. Monseigneur de Mérode l'emportait sur le cardinal et sur sa politique. M. de Chyllaz, votre cousin, fut chargé par le ministre des armes d'éteindre, coûte que coûte, le redoutable incendie qui s'allumait.

Votre père partit avec lui, menant quelques compagnies de tirailleurs franco-belges à l'encontre de Mazzi qu'ils heurtèrent à Ponte-Corvo, dans la province de Frosinone. L'engagement fut vif, et Mazzi rudement battu. Vous pouvez estimer heureux pour les prisonniers garibaldiens faits en cette rencontre, que leur sort n'ait pas été remis au capitaine de Cordon. — Il les eût pendus. — Je tiens le renseignement du capitaine lui-même ; car bien souvent je l'ai entendu se plaindre, à ce propos, de la trop grande bonté du Pape. En effet, il se passait à Rome ce qui se passe toujours sous un gouvernement paternel. Pie IX encourageait ses adversaires et décourageait ses défenseurs par son excessive indulgence. Vous aurez peine à croire cette triste vérité, mais l'expérience vous la démontrera ; en ce monde, la bonté passe presque toujours pour de la faiblesse, et enhardit les gens au point de rendre ridicules à leurs yeux ceux qu'elle désarme.

On le sentait si bien autour du Pape que c'était sans cesse de nouvelles tentatives pour l'obliger à se défendre.

Lisez, mes chers amis, un petit livre que M. de Becdelièvre a intitulé : *Souvenirs de l'armée pontificale*. Vous y trouverez la trace des tiraillements dont je vous parle ; vous y verrez les ordres donnés, les réticences dont on les accompagnait ; vous y toucherez du doigt les difficultés que créaient au Saint-Père la présence de l'armée française, la diplomatie du cardinal et l'ardeur guerrière de Mgr de Mérode. Mais, grâce à Dieu, au-dessus de ces conflits sans cesse renaissants, vous pourrez admirer, rayonnant dans une véritable auréole, le dévouement, le désintéressement de certains hommes.

Je veux parler des zouaves pontificaux ; marches, contre-marches, fatigues inouïes et inutiles, rien ne leur était épargné. Pour la foule, dans la vie d'un soldat, ces choses ne sont pas comptées, et pourtant qu'elles lui font chèrement acheter l'honneur d'un coup de fusil.

Hélas ! ce livre vous rappellera aussi de plus récents souvenirs. Dans la Sabine, en effet, les choses allaient comme aux armées de la Loire et de l'Est. Ces souvenirs vous reviendront comme ils me reviennent, parce qu'à chaque page je retrouve le nom de votre père. A Corezze, par exemple, après un engagement où il fut brillant à son accoutumée, on lui confia la garde du champ de bataille : pouvait-on le laisser entre des mains plus vaillantes et plus sûres ? Jugez-en par ces deux rapports que je transcris ici :

Mon Colonel [1],

Je viens d'apprendre par un espion que les Garibaldiens sont partis de toutes les localités environnantes au nombre de 800, et se sont réunis au Poggio-Mirteto. De là, en emmenant avec eux l'évêque et tous les prêtres de cette localité, ils se sont portés sur Ferni. L'individu qui m'a donné ces renseignements m'annonce qu'ils doivent revenir prochainement en nombre pour nous attaquer.

M. Mozon, aide de camp de M. de Goyon, est venu ici prendre des informations. Il est parti pour l'osteria de Nerola. Il espère rencontrer les Garibaldiens et savoir de leurs chefs ce qu'ils veulent. Il dit n'avoir que cette mission et croit à une attaque de Corezze par eux [2].

Je suis, etc....
Capitaine, De Cordon.

Garibaldi n'avait-il pas raison de compter sur une neutralité au moins bienveillante de la part des autorités françaises ? Écoutez encore ceci : votre père au moment où il écrivait, se trouvait avec le gros de sa compagnie à Corezze, sur la rive droite du Tibre. Le poste qu'il occupait marquait, en face des troupes garibaldiennes, la pointe extrême du territoire appartenant encore au Pape.

---

[1] Le colonel de Becdelièvre.
[2] *Souvenirs de l'armée pontificale.*

Mon Colonel [1],

J'ai l'honneur de vous adresser mon rapport sur ce qui s'est passé aux avant-postes dans la nuit du 10 au 11 courant.

Le sergent Alain de Charette, de garde de l'autre côté du Tibre, me prévint, vers dix heures, que les habitants de la maison où son poste était établi, s'empressaient de passer le Tibre, emmenant avec eux leurs bestiaux.

Le fait lui parut extraordinaire, car d'habitude ces gens-là passaient la nuit avec nos hommes de garde.

Le sergent m'envoya un homme pour me rendre compte de ce qui se passait, et je lui donnai l'ordre de se replier immédiatement de ce côté du fleuve, et de réunir les deux postes en un seul dont il prendrait le commandement.

Vers deux heures du matin, une forte détonation se fit entendre du côté du fleuve, dirigée sur la maison que le poste avancé avait évacuée. Peu d'instants après, le feu recommençait, mais cette fois sur la maison qu'occupaient les deux postes réunis. Le sergent rallia immédiatement ses hommes et se replia sur Nazzano. La veille, plusieurs barques avaient remonté le fleuve, et le sergent, craignant de se voir coupé, avait jugé prudent de se réunir à la compagnie.

Au premier coup de feu, je fis prendre les armes à la compagnie et garnir de tirailleurs les fenêtres qui dominaient les routes aboutissant à notre caserne. Je restai ainsi sur le qui-vive jusqu'à la pointe du jour. Alors j'envoyai un caporal et quatre hommes reconnaître si la maison du côté du Tibre était occupée. A peine fut-il parti que j'aperçus une colonne forte d'environ deux cents hommes se diriger sur la petite maison placée sur la rive opposée. La distance qu'elle avait à parcourir était très courte. Ils arrivèrent bien vite sur le bord du fleuve, et c'est alors que plusieurs individus, sortant

---

[1] Le colonel de Becdelièvre.

d'un bois en face, sautèrent dans le bac et le passèrent de l'autre côté ; la corde fut coupée, le bac défoncé à coups de hache, et on le laissa aller à la dérive ; il s'échoua à une centaine de mètres plus bas. Pendant ce temps, mon caporal les ayant aperçus avançait au pas de course. L'ennemi en les voyant leur envoya une décharge à une très grande distance et se replia précipitamment. Pendant ce temps, j'envoyai le sous-lieutenant de Beaumont avec un sergent et quinze hommes. Quand il arriva, l'ennemi avait complètement évacué le plateau où se trouve la maison. Une petite barque avait été oubliée de notre côté ; M. de Beaumont s'en servit pour passer le fleuve, pour voir si la maison ne recélait plus personne, et tâcher de remorquer le bac de ce côté. La maison était vide, mais le bac était coulé à fond et on a dû ajourner le remorquage. La crue occasionnée par la pluie d'hier a emporté le bac.

D'après l'ordre que je lui avais donné, M. de Beaumont installa ses hommes en tirailleurs, afin de bien recevoir l'ennemi s'il se présentait.

Vers deux heures de l'après-midi, un capitaine d'état-major français se présenta à la petite maison. M. de Beaumont passa le Tibre, et cet officier lui demanda ce qui s'était passé, s'informa de plus si, dans les reconnaissances faites, on n'avait pas dépassé les limites de la Commarque. Il ajouta aussi qu'étant à Poggio-Mirteto depuis la veille au soir, il avait été averti du coup tenté contre nous. M. de Beaumont lui rendit compte de ce qui s'était passé, lui montra les limites où s'étaient arrêtées les reconnaissances, et vint me rendre compte de son entrevue.

Voilà, mon colonel, les faits accomplis dans la nuit du 10 au 11, et la journée qui l'a suivie.

J'attends de nouveaux ordres.

Agréez, etc....   *Le capitaine* DE CORDON.

Nazzano, 12 février 1861 [1].

[1] *Souvenirs de l'armée pontificale. (Passim.)*

IV

Pour les gens de cœur qui formaient la petite armée pontificale, il y avait donc un danger plus menaçant que les balles garibaldiennes.

L'empereur protégeait Pie IX à la façon dont Ponce Pilate protégeait Notre-Seigneur contre les Juifs. — Le mot n'est pas de moi. Dans sa frappante justesse, il valut autrefois à l'évêque de Poitiers une condamnation retentissante. Si bien qu'à Rome les troupes françaises paraissaient menaçantes, tandis que, dans le fait, elles ne menaçaient rien. Cette preuve que je vais vous en donner, justifiera la résolution prise par votre père d'offrir ses services au roi de Naples. A Gaëte, du moins, la parole était franchement au canon.

Le fait se passait encore à Corezze

Votre père déjeunait avec un officier d'état-major français, — on exerçait sur son petit détachement une surveillance incessante ; — tout à coup on sonne l'alarme. L'ennemi se montrait à l'endroit d'où il avait été délogé la veille. Votre père fit prendre les armes et s'élança avec sa compagnie au pas gymnastique. Quand il fut à portée, il reconnut..... une compagnie de chasseurs français, qui formait ses faisceaux à côté d'une bande garibaldienne. Les pontificaux couchaient déjà en joue ; heureusement, on parvint à les empêcher de tirer. Un coup partit, mais rata, ce fut providentiel. Jugez de ce qui serait arrivé si les soldats du Pape avaient tué un soldat français.

La position était intenable. Votre père, muni d'un congé régulier, s'en alla, comme je vous le disais tout à l'heure, offrir ses services au roi de Naples. Cialdini devant Gaëte mettait la dernière main à l'unité de l'Italie.

Je n'ai pu retrouver les documents utiles pour vous faire l'historique de ce siège fameux. Je me souviens seulement de l'enthousiasme que soulevaient alors le Roi et la Reine de Naples. Leurs portraits étaient partout ; partout on racontait leurs exploits, on répétait leurs mots héroïques ; c'était de la fièvre et du délire. Aujourd'hui, où est cet enthousiasme ? Qui s'occupe des pauvres découronnés ? Ils vivent à St-Mandé, comme dans un *in pace*. Oh ! la gloire est bien d'essence humaine, puisqu'elle est infidèle et oublieuse à ce point.

Pardonnez-moi de me laisser entraîner encore par mes souvenirs décourageants. Que de fois votre père me les a reprochés ! Il avait, lui, tous les héroïsmes, même celui de l'oubli. Par modestie pour lui-même, par indulgence pour autrui, par philosophie pour les choses de ce monde, par résignation pour celles de l'autre, votre père n'était jamais plus qu'à l'heure présente, insoucieux du passé comme de l'avenir et, vous le verrez au cours de ce récit toujours sûr de bien faire.

A Gaëte, on l'avait attaché comme capitaine à l'état-major des troupes étrangères ; il se fit remarquer dès la première affaire. Sa brigade couvrit ce jour-là la retraite de l'armée napolitaine derrière le Garigliano.

Quelques semaines après, au combat de Mola di Gaëte, toute la division battit des mains en voyant le comte de Cordon faire au pas de son cheval, sur la route qui borde la mer, un kilomètre et demi, pour transmettre un ordre, pendant qu'à demi-portée quatre frégates ennemies le prenaient pour point de mire.

Que de fois plus tard, mes camarades et moi avons essayé de lui faire raconter quelque épisode de ce fameux siège. Il s'en défendait et ne consentait que bien rarement à parler. Ces vieux souvenirs étaient pour lui des fleurs fanées. Un jour pourtant il nous raconta ce qui suit :

« Gaëte allait se rendre. On se battait corps à corps dans les ouvrages avancés, dont les bersaglieri piémontais venaient de s'emparer. Le général de Meckel qui commandait pour François II et les officiers qui l'entouraient faisaient le coup de feu.

« Le vieux Meckel avait perdu ses deux fils dans la matinée ; il voulait se faire tuer... sans y parvenir... Cordon, impatient de voir sacrifier inutilement tant de monde, finit par prendre son général à bras-le-corps et le planta sur un cheval. Ce qui restait de Suisses les entoura. On se mit en retraite. Mais, tout à coup, M. de Meckel, que votre père ne surveillait plus, saute à terre, ramasse un fusil et recommence à tirailler. Chacun en fait autant, sauf un commis d'intendance. Le prudent commis avait avisé le cheval et l'enjambait.

Votre père n'eut jamais une excessive confiance dans les intendants napolitains ; du coin de l'œil il avait surpris la manœuvre. Ce fut bientôt fait.

D'une main il remit le commis sur ses pieds, de l'autre saisissant le général par le fond de sa culotte, il le repiqua sur sa selle. Cette fois votre père fut prudent ; il maintint son prisonnier couché sur l'encolure du cheval malgré ses protestations, et le tira ainsi sain et sauf de la bagarre. Ce fut miracle, car les balles piémontaises leur tinrent fidèle compagnie pendant une demi-lieue.

Voilà pourquoi, mes chers amis, vous avez si souvent joué avec le beau ruban bleu que portait votre père. C'est en souvenir de cette héroïque retraite que François II y avait attaché la croix de Saint-Georges, la plus recherchée des décorations napolitaines. Voilà pourquoi, quand votre père est mort, une royale infortune l'a pleuré avec vous, et comment je puis transcrire ici cette lettre dont vous devez être justement fiers.

Votre lettre du 15 m'apporte la nouvelle de la mort prématurée du capitaine de Cordon, mon cher comte [1]. Je n'ai pas oublié sa valeureuse conduite à Gaëte, et la dernière visite qu'il me fit à l'époque de sa captivité. Je vous prie de dire à madame votre nièce, sa malheureuse veuve, la part très vive que je prends à sa douleur.

FRANÇOIS.

V

Lorsque le malheur a clairsemé les dévouements, la mémoire, vous le voyez, est fidèle. Votre père méritait ce souvenir, car il fut le dernier peut-être sur

---

[1] M. le comte de Bouillé, oncle de Mme la comtesse de Cordon.

la brèche de Gaëte. Mais quand Gaëte fut pris et François II expulsé, votre père regarda autour de lui si, quelque part, à l'horizon, fumait encore un bivouac. Non! tout était éteint, l'enthousiasme, le dévouement comme les feux qu'ils avaient allumés. C'était en Italie ce silence qui devait durer dix ans et précéder nos propres malheurs.

Votre père alors quitta le régiment. Un soldat comme lui déboucle le ceinturon, quand l'épée est au fourreau.

Il revint s'asseoir au foyer, — à l'ombre de ses vieux portraits de famille, qui durent lui sourire. Au-dessous de l'épée de son père, il trouva la place marquée pour la sienne, et l'y accrocha, en attendant qu'une autre main, la vôtre, mon petit Emmanuel, vienne la saisir à son tour; car vous ferez comme tous les vôtres, vous serez digne de votre père, digne aussi de celle que, deux ou trois ans plus tard, il amenait à la Balme, pour partager sa vie toute de bienfaisance et d'honneur.

Il se réservait, mes chers amis, de vous apprendre les grands devoirs de notre triste époque, de vous inculquer les vertus de votre race, qui sont le dévouement, la bravoure, la foi, le patriotisme; il voulait faire de ses enfants des hommes tels que lui, mais il les voulait aussi compatissants, doux, charitables et bons, tels, en un mot, qu'est votre mère. C'est l'admirable côté du mariage que cette fusion des vertus propres à chacun dans la sainte unité d'un ménage chrétien.

Ai-je besoin de vous rappeler le bonheur que votre mère apporta sous votre toit? Ses larmes aujourd'hui vous disent assez le bonheur qu'elle-même y rencontra. Joies de quinze ans à peine, que vous vîntes augmenter tour à tour. Un seul parmi vous est arrivé trop tard pour recevoir en ce monde la bénédiction paternelle. Mais, sans doute, cette bénédiction a devancé sa naissance, et auprès de Dieu, avant de vous rejoindre ici-bas, votre petit frère Pierre a reçu le premier baiser de son père.

Mes chers amis, si vous étiez appelés à être heureux en ce monde, je m'étendrais longuement sur la vie paisible, qu'après son retour d'Italie votre père mena avec sa femme et ses petits enfants. Si vos vertus devaient trouver ici-bas leur récompense, je vous dirais l'affection et l'estime qui entouraient vos parents dans leur retraite. Mais, croyez-le, avec les devoirs que vous imposent les traditions dont vous héritez, votre part ne sera pas d'être paisiblement heureux. Vous entrerez dans cette bataille de la vie, dont les meilleurs sortent toujours les plus meurtris. Aux siens, comme vous le serez, comme le fut votre père, Dieu permet parfois une halte, mais jamais un long repos. Il faut marcher, marcher toujours, jusqu'à cette fosse où tant de regrets et d'espérances descendirent, il y a quelques mois, avec l'homme de bien que nous pleurons. Nos regrets, selon ce mot humainement si navrant, ne lui ont pas rendu la terre plus légère, mais parce qu'il les avait mérités par une vie de sacrifices, nos regrets l'ont suivi devant Dieu, et sans doute lui valent miséricorde.

Faites selon son noble exemple. Comme votre père, grandissez avec l'épreuve. Que le malheur de la patrie vous soit, comme à lui, le pire des malheurs humains. En 1870, on n'eût pas cherché le comte de Cordon ailleurs que devant l'ennemi.... Aussi, vous avez vu reposer sur son cercueil auprès de la médaille qui porte l'immortelle légende : *Pro Petri sede*, cette autre croix où sont gravés ces mots : *Honneur et patrie*.

Quelle belle épitaphe mise sur sa vie !...

VI

Les regrets de la foule, mon pauvre éloge d'aujourd'hui, eussent bien étonné votre père qui jamais, tant qu'il vécut, ne voulut voir l'estime où chacun le tenait, ni rien entendre de la confiance et de l'admiration qu'il inspirait.

Voici dans une lettre qu'il m'apporta lui-même, en 1870, la preuve certaine de ce que j'avance. Cette lettre est datée du 24 juillet de la terrible année 1870.

En Savoie comme partout, à cette époque, les préfets organisaient l'armée de seconde ligne, c'est-à-dire, improvisaient des officiers et des soldats. Plus heureux que bien d'autres préfets, M. de Lassus avait dans votre père un chef expérimenté et populaire à donner au bataillon qu'il formait à Chambéry.

Votre père refusa; si bien que le préfet me l'envoya avec la lettre dont je vous parlais :

M. de Cordon a des scrupules bien mal justifiés à mon avis. J'espère que vous le lui ferez comprendre. Il veut absolument n'être que capitaine. S'il persiste, j'aurai besoin de vous. Il me semble que, quoique ne comptant pas beaucoup d'années de service militaire, vous pourriez accepter ce commandement, si vous ne craignez pas trop le dérangement qu'il causera dans votre vie. M. de Cordon va causer avec vous de tout cela; il vous remettra ma lettre.

Lassus.

Pendant que je lisais cette lettre, votre père me regardait d'un air bonhomme, comme si son refus, comme si la proposition du préfet avaient été chose naturelle. Pour moi, tout cela était absurde, et, de la meilleure foi du monde, je me mis à rire. Votre père riait aussi, mais ne démordait pas de son idée.

La discussion fut longue. Enfin, — je ne sais plus comment la chose se fit, — deux heures après il m'appelait sans rire « mon commandant. »

Cette vieille histoire, mes chers amis, est un exemple de la trop grande modestie de votre pauvre père; je vous la raconte aussi pour me justifier un peu, car je trouverais aujourd'hui encore ma témérité impardonnable, si je ne lui devais de chers souvenirs et l'exemple que votre père m'a donné pendant ces longs mois où j'ai partagé sa vie de soldat. Car je n'exagère rien, il fut toujours l'âme de notre bataillon, âme vibrante, âme énergique et sans peur aux mauvais jours. Ces jours-là ne nous furent pas épargnés, ou plutôt nous n'en connûmes pas d'autres. Notre formation datait du 1er août; la République fut proclamée quatre semaines après. Avec la République commencèrent nos tribulations.

Chambéry la vit éclore dans la soirée du 3 septembre. Quelques instants plus tard, votre père m'arrivait à la Motte. Le peuple souverain depuis deux heures seulement, menaçait déjà d'enfoncer les portes du lycée où nos hommes étaient casernés.

Je m'habillais à la hâte, — il était près de minuit, — et nous voilà galopant tous deux vers la ville. Grâce à Dieu, les portes étaient solides, et nos hommes écrasés de fatigue avaient préféré leurs lits à la liberté. Cependant votre père, son sabre sous le bras en façon de houlette, crut devoir veiller jusqu'au jour à la garde du troupeau. Les loups ravissants ne revinrent pas. Heureuses brebis, malheureux loups d'avoir affaire à un berger si vigilant.

Certain braillard put s'en convaincre. Comme nous allions partir pour Orléans, et que la première compagnie, sous les ordres de votre père, montait en chemin de fer, le citoyen dont je vous parle, lui cria sous le nez : « A bas le papalin ! » La réponse fut un soufflet. De mémoire d'homme il ne s'en est appliqué un pareil. Quelques cris se firent entendre.

Devant la foule qui devenait houleuse, les soldats autour de votre père mirent baïonnette au fusil ; l'un d'eux ajouta : « Faut-il piquer, mon capitaine ? » Le capitaine se mit à rire ; Dieu merci, les baïonnettes n'avaient rien à voir dans ce qui se passait ; car dès que la chose fut connue autour de nous, chacun donna raison à votre père, et son embarquement s'acheva sans encombre. Vous voyez, mes chers amis, qu'il savait de toute façon inspirer le respect.

Ceci se passait le 24 septembre ; une moitié du bataillon partit dans un premier train sous ses ordres. Je le rejoignis le surlendemain à Orléans.

Là, grâce à votre père, tout était ordonné dans les meilleures conditions possibles au milieu du désordre où nous tombions. Nous pensions, en quittant Chambéry, rallier l'armée de la Loire. Hélas! l'armée de la Loire se réduisait au décret qui en ordonnait la formation, à un bataillon du Loiret campé proche de la ville, et à nous qui débarquions intempestivement à Orléans où personne ne nous attendait. Notre histoire, celle d'honnêtes gens que personne ne voulait habiller, loger, nourrir, et en somme utiliser, serait à faire pitié si je vous la racontais. Nous étions en état de vagabondage, et cet état se prolongea pendant près de quinze jours. Tout était à l'avenant. L'armement du bataillon se composait d'affreux fusils : nous avions quelques cartouches, mais encore pour nous en servir fallait-il des capsules. Nous négociâmes trois jours avant de les obtenir.

Concluez de ce détail aux détresses de notre entrée en campagne. Et pourtant, parmi ces hommes qui avaient faim, qui marchaient mal armés et à moitié nus à l'ennemi, pas une désertion, pas un murmure, pas même une plainte.

Pourquoi? Le voici : c'est que chacun dans le rang sentait qu'il portait au bout de sa baïonnette une parcelle du vieil honneur savoyard, de cet honneur que la brigade à cravate rouge a mis si haut. Pour un pays, la tradition militaire est le sang de ses veines. Le pays meurt quand ces traditions ne lui réchauffent plus le cœur. Pour les conserver mieux, nous avons voulu faire revivre la cravate rouge au premier bataillon. On nous l'a refusée.

Les sabots de 92 étaient plus à la mode.

VII

Quand même, nous fîmes de notre mieux. Mais s'il nous fut donné de bien faire, c'est qu'au sentiment humain dont je vous parle, mes chers amis, se joignait chez la plupart d'entre nous, comme chez votre père, un profond sentiment chrétien.

« Dieu me protégera, écrivait-il [1], et je reviendrai
« sain et sauf... A la grâce de Dieu..., si je tombe,
« je demande à Dieu de mourir en brave à la tête de
« ma compagnie..... J'espère qu'il exaucera ma
« prière. Je laisserai à nos enfants un nom sans
« tache. »

On ne découvrait pas à première vue chez votre père la profondeur de l'idée chrétienne, non plus qu'on ne soupçonnait les tendresses dont il était capable ; car à l'inverse de tant de gens qui drapent leur égoïsme de sensibilité et mènent grand bruit de sentiments qu'ils n'éprouvèrent jamais ; lui parlait peu, mais sentait vivement.

« Je pense bien souvent à vous, écrivait-il quel-
« ques jours après son arrivée à Orléans. Je pense
« bien souvent à vous, à la douce vie que j'ai quit-
« tée et qui a été rompue violemment par les né-
« cessités de la guerre. Je fais des vœux pour que
« Dieu nous conserve l'un à l'autre, tout en faisant
« mon devoir en bon gentilhomme savoyard et
« chrétien. Embrassez mille fois mes petits enfants

---

[1] 27 septembre, à Mme de Cordon.

« pour moi, parlez leur souvent de moi ; qu'ils ne
« m'oublient pas [1]. »

Ne vaut-il pas mieux, mes chers amis, vous transcrire ici ces lettres que de vous raconter nos marches, nos contremarches et nos fatigues écrasantes autour d'Orléans, pendant ces jours si tristes, où pour nourrir nos hommes, nous étions réduits souvent à rôder autour des fermes et à troquer notre signature ou notre argent contre quelques moutons.

« Nous menons une rude vie, écrivait votre père ;
« souvent nous manquons de vivres. — Nous avons
« la pluie depuis hier ; j'espère qu'elle ne durera
« pas ; car sans tentes comme nous le sommes, la
« campagne deviendrait plus fatigante encore. J'ai
« couché ce soir dans un lit. C'est la deuxième fois
« depuis notre départ de Savoie. » Il ajoutait :
« Nous servons notre pays, notre Savoie bien-aimée,
« et nous ne nous plaignons pas [2]. »

Puis, en post-scriptum, il donnait cette bonne nouvelle que l'événement allait cruellement démentir.

« Les Prussiens ont fui à notre approche et se
« sont repliés sur leur corps d'armée qui, dit-on, est
« à Étampes. »

C'était vrai, nous étions entrés en vainqueurs à Pithiviers, mais nous devions en ressortir l'épée aux reins. Avant de reprendre le fil de notre triste Odyssée, laissez-moi vous raconter l'histoire de notre dernier éclat de rire.

[1] A Mme de Cordon.
[2] 8 octobre 1870, à Mme de Cordon.

Pithiviers est le pays où, si les allouettes ne tombent pas toutes rôties, du moins où on les rôtit le mieux. J'avais confié au plus habile pâtissier de la ville mon intention d'offrir un chef-d'œuvre de ses mains au très gourmand général qui nous commandait. Votre père trouva sans doute mon idée peu séante. Pourquoi? Je n'en sais rien. Comment l'avait-il devinée? Je me le demande encore. Toujours est-il qu'il m'arriva à sept heures du matin, et me dit avec son meilleur sourire, qu'il venait de se procurer un morceau de roi : que sans son cher commandant il n'y avait pas de fête pour le capitaine Joseph de Cordon. Comme le corbeau de la fable je fus charmé, et m'en allai déjeuner de mon propre pâté..... Il était payé d'avance.

Votre père, Max et Frédéric du Noyer, conviés au festin, ne se tenaient pas de joie. Ne voulant pas, par respect, rire de la déconvenue du commandant, nous prîmes tous ensemble le parti de rire de celle du général. Nous fîmes bien ; car, comme je vous le disais, les Prussiens étaient sur nos talons. Sans votre père, mon pâté fût tombé entre leurs mains comme Orléans y tombait le lendemain.

Ce ne furent, hélas ! à partir de ce moment que désastres pour la pauvre armée de la Loire. Nous reculions sans cesse ; on voit ainsi un fleuve débordé entraîner toutes les digues.

Et cependant votre père ne désespérait pas. Son admirable sérénité flottait toujours à l'étiage de l'épreuve.

Je n'ai encore rien reçu de vous ; je lirais cependant vos lettres avec bien du plaisir. Enfin, je me soumets à la volonté de Dieu et je prends bravement les misères qu'il m'envoie. Je ne me suis du reste jamais mieux porté ; j'ai une petite tente qui m'abrite de la pluie. J'ai campé ce soir sur les sables de la Loire, dans le lit du fleuve, sans paille, et n'en ai nullement souffert. [1]

Adieu, ma chère Marie ; ayez confiance en Dieu. Espérons qu'il nous réunira de nouveau, et qu'il donnera à notre cher pays de meilleurs jours.

Peu après il écrivait de Gien. Et cette fois votre cher souvenir, mes enfants, le grandissait encore.

Je ne sais ce que l'avenir nous réserve ; j'espère que Dieu nous réunira encore, et que nous recommencerons notre douce vie. Je pense bien souvent à vous, à nos chers petits enfants que j'aime bien ; parlez-leur souvent de moi. Elevez Emmanuel dans la haine de l'étranger et dans l'amour de son pays, de notre Savoie. Et ma petite Jeanne rit-elle toujours d'aussi bon cœur ?

Nos hommes se sont aguerris. Ils résistent mieux aux fatigues et iront bravement au feu, je l'espère, quand le moment sera venu.

En effet, la malechance qui nous poursuivait depuis notre entrée en campagne semblait se lasser. Nous étions embrigadés pour la première fois. Nous recevions enfin des chassepots et un peu de repos regaillardissait nos soldats. La chère même était excellente, si je m'en rapporte à de vieilles lettres que je retrouve dans mes papiers.

Cordon, les deux du Noyer et moi avons installé, sous la haute direction de Lassus, une popote où se confectionnent

[1] A Mme de Cordon.

à ravir des mirottons, des filets de bœuf, des gratins que signerait mon pauvre Jean. Nous avons le superflu, nos hommes aussi. Le bataillon se laisse tout entier dériver au bien-être sans s'inquiéter de ce qui arrivera demain. C'est là le propre du métier ; tout y est imprévu, et souvent les choses les plus énormes vous laissent indifférent.

Mais qui aurait pu l'être devant les hontes de Metz?

Nous sommes atterrés par la capitulation de Metz, écrivait votre père. C'est une infamie, une honte pour la France. Comment sortirons-nous de là ? Je n'en sais rien. Ce que je sais bien, c'est que nous sommes décidés à tout souffrir plutôt que de nous rendre. J'espère que notre courage et Dieu nous sauveront d'une lâcheté pareille.

Votre père avait raison. Pour s'en convaincre, il n'avait qu'à regarder autour de lui. Nos soldats, à nous, étaient admirables d'énergie et de bonne volonté. A côté d'eux bivouaquaient deux ou trois beaux régiments de marche, puis les mobiles du Cher et leur brave colonel Choulot. Un peu plus loin, c'étaient les Nivernais qui, grâce à votre père, étaient devenus nos amis. Votre nom et celui de votre mère servaient de trait d'union entre nos deux pays car les Maumigny en Nivernais sont les Cordon en Savoie. Comme ici on vous aime, on les aime là-bas. Comme ici on vous trouve quand il y a du bien à faire ou un danger à braver, on les trouve, eux aussi, partout, sur les champs de bataille, parmi les charitables et les saints.

VIII

Le souvenir de cette bonne camaraderie entre Nivernais et Savoyards, vivra aussi longtemps que le souvenir de la triste guerre que nous avons faite ensemble. Si vos amis ici vous manquaient quelque jour, croyez-moi, allez frapper à la porte des deux d'Assigny, à celle de Vény, de Tersonnier et de tant d'autres : vous y rencontrerez le même culte pour votre père et la même affection que vous trouvez ici. C'est un précieux héritage à recueillir que l'estime de tant d'honnêtes gens.

Nos hommes aussi s'étaient pris d'amitié pour les Nivernais, c'est ensemble qu'ils firent cette marche effrayante par sa longueur et sa rapidité, qui nous amena tous de Gien, en deux jours, sous Orléans ; un jour trop tard, malheureusement, pour que nous ayons eu notre part de la bataille de Coulmiers. Le succès avait surexcité nos troupes et profondément démoralisé l'ennemi. Nous étions pleins d'espoir ; mais voilà que nous échouions, au nombre de 15 ou 20,000 hommes dans les boues de Chevilly. Nous devions y croupir pendant que les Prussiens se reformaient tranquillement à quelques kilomètres en avant de nous.

Votre père se désolait. « Nous sommes campés
« dans un champ et dans la boue jusqu'au cou.
« Nous avons tous les jours de la pluie. Nous nous
« ennuyons un peu. Nous sommes dans l'inaction
« pour le moment. Cela durera-t-il ? J'en doute et
« ne le désire pas, car rien n'est ennuyeux comme

« le far-niente loin de sa femme, de ses enfants et
« de son intérieur.

« Nous sommes à 12 ou 14 kilomètres en avant
« d'Orléans, et nous ne pouvons y aller ; nos hom-
« mes ne peuvent même sortir du camp. Leur mo-
« ral est malgré cela très bon ; ils sont disciplinés
« maintenant comme de vieilles troupes. Je crois
« qu'au feu ils nous feront honneur. »

Voyez comme chez votre père le sentiment de
l'honneur domine tout. La fatigue, la souffrance ne
comptent pour rien ; il regrette seulement les longues journées qui s'écoulent loin de vous ; et encore prend-il son parti de cette éternelle absence,
parce que ses soldats se battront bien.

Ils ne devaient pas démentir leur capitaine. Mais
avant d'arriver aux événements qu'allait précipiter
notre oisiveté après la bataille de Coulmiers, laissez-
moi revenir sur ce bivouac, où la boue, la neige, la
pluie, nous tinrent une si triste mais si fidèle compagnie pendant trois semaines. Je ne sais rien pour
mon compte qui m'attache davantage que ces infiniment petits détails quand il s'agit de ceux que
j'ai aimés.

« Rien n'est venu nous troubler dans notre in-
« fecte quiétude, infecte parce que nous sommes
« perdus dans un océan de boue liquide. Notre
« arche est une espèce de réduit construit avec
« des portes, des fenêtres, des planches emprun-
« tées aux boutiques, granges, cages à poulets et
« étables des environs. Les trous sont bouchés
« avec des tampons de paille et trois ou quatre cou-
« vertures qui se festonnent en astragales. Au mi-

« lieu, comme suspension, une petite lanterne de
« fer-blanc. Nous nous lavons quelquefois dans un
« saladier. Nous vivons des talents de maître Catin,
« mobile au bataillon, mangeant le pain de muni-
« tion et les vivres de campagne, du riz, du bœuf
« ou du lard, selon les jours. Jamais mes amis et
« moi ne nous sommes si bien portés. C'est, com-
« me tant d'autres choses, une grâce de Dieu. »

L'officier qui écrivait cette lettre ajoutait :

« Nous avons eu, ce matin, une triste corvée. Le
« bataillon a été chargé de l'exécution d'un pauvre
« diable qui avait levé la crosse contre son supé-
« rieur. Il est mort avec cynisme, refusant l'abbé,
« parce qu'il était franc-maçon, a-t-il dit. C'est une
« vilaine chose de tuer un homme à dix pas, de le
« voir tomber à la renverse avec des balles dans la
« tête, dans la poitrine et dans le ventre. Si nous
« avions pu tuer sa pauvre âme en même temps,
« nous lui aurions, je crois, rendu service.

« Le bataillon tout entier assistait à l'exécution ;
« nos hommes ont été terriblement impressionnés
« du spectacle. »

Ce fut l'épisode marquant de notre séjour à Chevilly, où nous continuions à vivre en vrais sauvages.
Des peaux de bique que votre père avait fait venir
de Nevers, et une irrémédiable malpropreté chez
nos hommes et chez nous, ajoutaient encore à la
ressemblance. Que voulez-vous ? il n'y avait d'eau
bien loin à la ronde que celle qui nous tombait jour
et nuit sur le dos. Malgré tout, nous espérions.

« Les Prussiens, je crois, disait une autre lettre,
« les Prussiens ont peur de nous et ne nous atta-

« queront pas. Nous, nous espérons marcher
« bientôt. Si au moins notre mouvement pouvait
« se combiner avec une sortie de Paris ! Nous
« ferions la moitié du chemin ; Trochu ferait l'autre
« moitié. Quel moment que celui où son canon de
« Paris répondra à celui de la Loire ! »

Voilà comment et sur quoi nous philosophions, votre père, les Du Noyer, Lassus, moi et quelques amis qui venaient à notre quartier général. L'illusion nous était permise, puisque c'était à nos dépens que nous espérions. Pour voir notre pays délivré, nous nous accommodions de tout..... même de M. Crémieux, même de M. Glais-Bizoin, qui venaient promener leurs laides personnes et leur science militaire aux avant-postes.

Un jour l'horizon retentissait de coups de canon.

« Quel est ce bruit insolite qui frappe mon oreille ?
« dit M. Crémieux en se penchant d'un air aimable
« vers l'officier d'artillerie qui l'accompagnait.

« — Monsieur le ministre, c'est le canon.

« — Glais-Bizoin, c'est le canon ! Glais-Bizoin,
« c'est le canon ! Vive la République ! »

Et tous deux d'agiter leur feutre gris à longs poils. Dans le langage du temps, on appelait cela remonter le moral des troupes.

Après quelques gambades, la défense nationale remonte elle-même en voiture. Il faisait froid, la pluie commençait à tomber, le pays aurait pu demander compte à ses champions d'un rhume ou d'une bronchite. Pauvre France qui n'avait même plus la force de secouer le ridicule qui s'accrochait à ses plaies !

IX

Plaies désormais inguérissables. La prise de Metz avait fait refluer vers nous toutes les troupes du prince Frédéric-Charles. Il arrivait sur Orléans à marches forcées. Le 27 novembre, il rencontrait le 20ᵉ corps français à Beaune-la-Rollande. On s'y battit toute la journée, et ce combat fit grand honneur à nos amis du second bataillon de Savoie. Le 29, ce fut le tour de nos camarades nivernais, violemment engagés à Chambon.

Nous arrivions ce même jour morts de faim et de fatigue à Neuville-au-Bois. Le 30 au matin, la canonnade s'engagea tout près de nous, à Chilleurs, où les Nivernais firent encore bravement leur devoir. Mais, écrasés par le nombre, quand leur artillerie fut démontée jusqu'à la dernière pièce, ils battirent en retraite, emmenés avec le reste de la division par le général des Pallières, qui voulait à tout prix devancer l'ennemi à Orléans.

Neuville que nous gardions avec le 29ᵉ de marche et quelques soldats de marine demeurait découvert. Il fallut rappeler votre père qui occupait le château d'Auzereau, à 2 kilomètres en avant de nous, sur la route que devait suivre l'ennemi.

Il revint le plus tranquillement du monde et en bel ordre, mais sa marche en parade prit un peu de temps. Les Prussiens le mirent à profit. Comme la brigade, sous les ordres du général Minot, commençait à défiler, ils débordèrent toutes les positions que nous venions d'abandonner et se montrèrent à la fois de tous les côtés. Leur fusillade était vive, les balles ricochaient partout, brisaient les tuiles ou s'aplatissaient contre les murs, derrière lesquels nos troupes étaient déjà massées en colonne de marche.

Nous reçûmes l'ordre de soutenir la retraite.

Le bataillon exécute son mouvement par le flanc et se porte à l'est de Neuville, sur le mail, qui, dans la pensée du général, marquait le point important à occuper. Il pouvait être six heures, et la nuit était tout à fait noire. Votre père qui tenait la droite fut le premier en ligne ; sa présence rétablit bien vite l'ordre que notre mouvement précipité avait un peu compromis au premier moment.

Pour prendre position, le bataillon avait défilé à 30 mètres d'une troupe en marche, que l'obscurité nous avait fait prendre pour un bataillon français. Il devait y avoir en effet des Turcos dans cette direction. Au moment où la quatrième compagnie prenait sa place de bataille, le capitaine Besancenot qui la commandait vit un officier se détacher de la troupe opposée et s'avancer jusqu'à dix pas de nous.

Ce sont des Allemands, dit une voix. Nos soldats ouvrirent le feu sur trois rangs. Nous tirions de bas en haut, l'ennemi tirait de haut en bas. Les balles tranchaient par-dessus nos têtes les branches des arbres dont le mail était planté. Cette inégalité de terrain explique le mal énorme que nous fîmes aux Prussiens et le peu de mal qu'ils nous firent. Nous n'eûmes pas un mort et seulement dix blessés ; eux, au contraire, eurent 4 ou 500 hommes mis hors de combat.

Au bout d'une vingtaine de minutes, l'ennemi suspendit son feu. Sans doute, il nous croyait plus forts que nous ne l'étions en réalité ; car soit émotion, soit entrain, nos hommes, malgré nous, brûlèrent presque toutes leurs cartouches ; votre père surtout cherchait à enrayer cette prodigalité ; on eût dit, à le voir, un chef d'orchestre qui entend faire respecter la mesure.

Neuville se trouvait à l'abri pour quelques heures. Le général nous fit prendre la route d'Orléans. Cette fois nous formions l'avant-garde.

Comme nous débouchions sur Loury, gros village à cheval sur le chemin que nous suivions, le général fut prévenu par un paysan qu'un fort détachement prussien nous coupait d'Orléans. L'ordre fut aussitôt donné à un peloton de cavalerie de pousser une reconnaissance, et la première compagnie du bataillon fut désignée pour la soutenir. Votre père déploya ses hommes en tirailleurs.

Voici le trop modeste récit qu'il faisait lui-même, quelques jours après, de cette brillante affaire :

« A la suite du combat de Neuville, où nos hom-
« mes se sont très bien battus et ont fait beaucoup
« de mal aux Prussiens, sans éprouver eux-mêmes
« de perte sérieuse, grâce à l'excellente position
« que nous occupions, nous avons battu en retraite
« sur Orléans, en passant par Loury qui était oc-
« cupé par l'ennemi, et que ma compagnie a été
« chargée d'enlever, Mes hommes ont montré un
« sang-froid superbe, sont restés sous un feu vio-

« lent pendant vingt minutes sans qu'un seul quit-
« tât le rang.

« Heureusement, qu'il était dix heures du soir et
« que les balles passaient à hauteur des épaules;
« sans cela j'aurais perdu 50 ou 60 hommes. Je n'ai
« eu que 3 blessés. Nous étions en train d'enlever
« le village, lorsque le général m'a donné l'ordre
« de battre en retraite. »

Les choses se passèrent bien ainsi; mais ce que votre père ne dit pas, c'est l'entrain avec lequel lui-même conduisit l'attaque; c'est, qu'entrés pêle-mêle avec les Prussiens dans les premières maisons du village, nos Savoyards étaient maîtres de la position; c'est enfin qu'on eut grand'peine à obtenir de votre père et de ses hommes qu'ils abandonnassent ce qu'ils avaient si vaillamment conquis.

Ils obéirent enfin, mais nous nous trouvions, par le fait, à l'arrière-garde de la colonne qui, depuis longtemps déjà, avait fait demi-tour et avait pris sur la gauche l'allée de Nibelles. Comme toutes les routes de la forêt, celle-ci était labourée, pleine d'ornières, et coupée çà et là de tranchées qu'il fallait combler pour faire passer l'artillerie. La terre durcie doublait les difficultés de la marche. Ajoutez qu'il était deux heures du matin et que nous étions accablés de sommeil et de fatigue.

Quand une colonne est en marche dans les conditions où nous nous trouvions, les temps d'arrêt se succèdent sans interruption. Il suffit d'un cheval qui s'abat, d'un caisson qui verse, pour immobiliser 10,000 hommes. Depuis deux heures que nous marchions ainsi, nous n'avions pas fait 3 kilomètres.

Un de ces arrêts se prolongeait plus que de coutume ; j'envoyai un de nos officiers voir ce qui se passait. Il revint nous dire que l'on dételait les pièces, qu'il n'y avait plus devant nous que quelques hommes laissés là pour les enclouer et noyer les gargousses dans les fossés de la route.

Rien n'est contagieux comme la panique ; dans la situation où nous nous trouvions, elle eut bon marché de nos gens. Ce fut un instant terrible pour tous.

Mais, heureusement, votre père était là admirable de calme et de résolution. Si la panique avait été contagieuse, son sang-froid ne le fut pas moins, et bientôt le bataillon reprit sa marche en avant. Seulement, craignant que la route devant nous fût coupée, nous nous jetâmes à travers bois, sans autres guides, qu'une boussole et une carte.

Dieu nous protégea visiblement; deux ou trois fois nous passâmes à portée de l'artillerie prussienne sans être inquiétés. A dix ou onze heures du matin, nous rentrions à Orléans, où notre arrivée était fêtée comme une résurrection. Cette retraite fit grand honneur au bataillon, mais le bataillon en fit honneur à votre bon et brave père. C'est à Neuville qu'il a gagné son ruban rouge.

Il l'eût, il est vrai, aussi bien mérité le lendemain pour son sang-froid, non plus au feu cette fois, mais bien au milieu de la plus affreuse déroute qui fut jamais. Comme nous arrivions à Orléans, le canon se fit entendre vers le faubourg Saint-Jean, et l'on envoya le bataillon aux tranchées ; nous y reçûmes des balles et des obus jusqu'à minuit. A minuit, l'ordre vint d'évacuer la ville, mais cet ordre était sans direction et sans point de ralliement. Il y eut bientôt autour d'Orléans, marchant pêle-mêle, plus de 30,000 hommes qui prenaient selon leur inspiration la route de Bourges ou celle de Vendôme.

Aussi, le lendemain, M. Gambetta pouvait, sans mentir, annoncer à la France qu'elle avait désormais sur la Loire deux armées au lieu d'une.

Nous étions moins gais et de moins bonne composition !

Jusqu'à notre départ pour l'Est, la campagne ne fut plus pour nous qu'une suite ininterrompue de souffrances, sans profit pour le pays et sans gloire pour ceux qui mouraient.

Nous avons eu bien des misères, ma chère amie, écrivait votre père. Souvent avec le bon Frédéric, couchés côte à côte dans un buisson ou sur une fascine de bois, avec une seule couverture pour nous préserver tous deux de la neige qui tombait et du froid qui nous envahissait, nous nous disions : Si nos pauvres petites femmes nous voyaient, comme elles pleureraient.

Nous sommes restés une quinzaine sans tentes, sans malles, sans grosses couvertures, et ces quinze nuits nous les avons passées à la belle étoile par des temps glacés.

Voyant que nos hommes gelaient pour tout de bon (plusieurs hommes de la Nièvre ont gelé et sont morts depuis), l'on s'est mis à nous cantonner dans les granges, dans les maisons. Nous sommes assez bien, et, relativement à nos misères précédentes, nous sommes comme des coqs en pâte.

Cette lettre de votre père est datée de Vierzon,

le 2 janvier, la veille ou l'avant-veille du jour où nous allions prendre la route de Besançon.

L'année, comme la campagne du bataillon sur la Loire, avait tristement fini. Que seraient pour nous l'année qui commençait et la nouvelle campagne que nous allions entreprendre dans l'Est? S'il y a de terribles inconnues dans la vie ordinaire à cette époque du 1er janvier...., devant l'ennemi, à mille lieues des siens..., le lendemain se dresse encore plus incertain et plus douloureux.

Pour affronter cet avenir, nous n'avions plus les illusions du départ qui, pour nous comme pour tant d'autres, avaient aplani la route de Berlin. La défaite use le soldat jusqu'à l'âme, comme la misère l'use jusqu'à ses dernières forces. Une chose survivait cependant parmi nous, c'était cette indomptable volonté de bien faire que votre père exprimait si noblement.

« Quand reviendront-elles ces bonnes heures
« que nous avons passées ensemble dans notre
« cher la Balme? Je désire que ce soit bientôt;
« mais tant qu'un Prussien restera en France, cela
« ne sera pas. Tous les honnêtes gens se doivent
« à leur pays, et sacrifier leur bonheur à l'indé-
« pendance de leur patrie. Quant à moi, je ferai
« mon devoir jusqu'au bout, et j'espère que Dieu
« m'en récompensera en versant sur vous et sur
« mes enfants toutes ses bénédictions. »

Un autre sentiment encore nous tenait debout. C'était l'orgueil que nous avions les uns des autres; c'était l'affection, la confiance, l'estime réciproque, que trois mois de dangers et de souffrances partagés avaient rivées au cœur de chacun de nous. L'amitié se soude indissolublement au feu.

C'était plus que de la camaraderie, c'était une intimité dont votre père était le centre.

Votre père eut, au 1er janvier, cette idée qui empruntait aux circonstances quelque chose de touchant : la même table nous réunit tous. Chaque capitaine avait amené avec lui les sous-officiers de sa compagnie. Il y avait là Max Du Noyer et son frère Frédéric, — Frédéric le meilleur ami de votre père, si bon juge en fait d'honneur, de dévouement et de bravoure. Après Frédéric Du Noyer venait Hugard, bien digne de commander sous votre père les braves gens de la Balme ; puis c'était Lassus, c'étaient Sorbon, Milan, Besancenot qui ne devaient survivre que de 15 jours. Auprès du commandant, l'abbé Jutteau tenait sa place de bataille. En face, c'était votre père. Chacun de nous avait un sous-officier à sa droite et à sa gauche. Combien de ces braves et chers amis n'ont pas revu nos montagnes !

Quel souvenir ! Ces quinze ou vingt soldats misérables et presqu'en haillons, à cent lieues de leurs villages, de leurs enfants et de leurs femmes, ne burent pas ce soir-là aux joies du retour, mais à la délivrance de leur pays. L'évêque d'Orléans l'a dit justement, on n'aime vraiment son pays que lorsqu'on a souffert pour lui !

XI

Le lendemain nous partions pour l'Est. Mais qu'importent ces détails? Je ne fais pas ici un récit de guerre, mais bien l'histoire d'une âme qui a eu toutes les bravoures, d'une âme aussi chrétienne qu'elle était sans peur devant l'ennemi. Le dernier souvenir qui me reste de Vierzon où nous allions nous embarquer, est celui d'une confession publique de votre père, — publique parce que cela se passa au milieu de nous tous. D'ailleurs, ce n'était pas la première fois. Dans ces occasions solennelles, il ôtait son képi, se promenait pendant quelques minutes auprès de l'aumônier et nous revenait confessé. Le *meâ culpâ* de cent dévotes n'aurait certes pas produit sur nos hommes et sur nous l'effet de cette confession si simple du capitaine de Cordon.

Nous passâmes par Nevers où nos amis du 12e mobile embrassèrent leurs femmes et leurs enfants. Pourquoi les nôtres étaient-ils si loin?

On nous dirigea par Chagny et Dôle sur Besançon. L'affreux voyage dura trois jours. J'ai ouï dire qu'à cause du froid il y eut jusqu'à 12 trains en détresse, l'un derrière l'autre; ce que je sais d'une manière certaine, c'est que nos pauvres soldats, parqués dans des vagons à bestiaux, seraient morts, gelés, s'ils n'avaient compté que sur la prévoyance du ministre de la guerre. Heureusement, le Savoyard est industrieux, s'il ne respecte pas toujours le bien d'autrui. Les nôtres eurent bientôt fait d'allumer des feux énormes dans leurs marmites de campagne, avec le charbon qu'ils volaient partout où ils en trouvaient. Nous les laissions faire, mais ce fut miracle s'ils ne sautèrent pas avec leurs cartouches.

Enfin, nous voilà à Clairval. Il y avait de la neige jusqu'aux yeux ; malgré la neige, dès qu'il eut mis pied à terre, le bataillon fut dirigé sur un petit village très haut perché dans la montagne. C'est de ce petit village, appelé Saint-Georges qu'est datée cette lettre de votre père :

8 janvier 1871.

Je ne sais ce que nous allons faire ici ; nous marchons, je crois, sur Belfort. Nos hommes sont enchantés de revoir des montagnes. Nous pourrons rendre de grands services avec notre bataillon dans ce pays où les routes sont faciles à défendre, grâce aux rochers et aux défilés. Nous avons traversé hier un pays qui ressemble assez aux gorges de Saint-Rambert.

L'on ne parle toujours pas de paix. La guerre est cependant bien rude par le temps qu'il fait. J'aimerais mieux me battre tous les jours que de ne rien faire et d'affronter toute espèce d'intempéries, comme nous le faisons depuis que l'hiver s'est déclaré.

Enfin, comme vous me le conseillez, ma chère petite femme, j'offre mes misères à Dieu, et j'espère que cela me servira dans l'autre monde. Ce matin, je suis allé à la grand' messe dans une toute petite église, bien jolie, bien décorée. Un vieux curé, à cheveux blancs, nous a fait un joli sermon très bien tourné sur l'emploi du temps. Il a trouvé moyen d'adresser un mot aux nombreux soldats qui se trouvaient là.

Quant à vous, mes braves, a-t-il dit, votre temps est facile à employer. Vous n'avez qu'à offrir à Dieu vos misères, vos peines, vos fatigues et votre mort. Si le plomb de l'ennem vous atteint, vous serez des martyrs ; vous êtes sûrs de votre salut éternel.

C'est un curé qui entend les choses et qui sait faire vibrer le cœur d'un soldat.

Votre père aussi était un soldat qui entendait les choses, et sa parole saura faire vibrer le cœur de ses enfants. Aussi j'aurais voulu qu'il vous racontât lui-même le combat de Béthoncourt, où, huit jours après, le 1er bataillon de Savoie paya si noblement à notre grande patrie la dette sanglante de notre petite province. Malheureusement, la lettre que je viens de vous citer est la dernière lettre que j'aie entre les mains. En prenant sa place, je suis certain du moins que vous saurez mieux par moi que par lui-même ce qu'il a fait dans cette triste journée.

Nous avions assisté, deux jours avant, l'arme au bras, au petit combat d'Arcey. Puis, nous avions eu une alerte assez vive à Allondans. Enfin, nous venions de passer la nuit sous un feu ininterrompu d'obus, lorsque le 16 janvier, vers midi, le général Minot nous donna l'ordre de prendre position à la lisière d'un petit bois en face de Béthoncourt.

Votre père avait passé la nuit dans ce bois, où nous avions une grand'garde qu'il commandait. Je me rappelle, car il est singulier comme les moindres choses se gravent profondément dans la mémoire à de pareils moments, que, pendant cette longue nuit, j'envoyai demander un peu de vin à votre père ; il m'envoya sa gourde sous escorte. Morin qui commandait l'escorte avait l'ordre de ne m'accorder que trois gorgées. C'était peu, et pourtant le cadeau était sans prix ; à deux lieues à la ronde, cette nuit-là, il eût été impossible de se procurer un verre de vin ou un morceau de pain.

Nos hommes, épuisés par tant de souffrances, étaient quand même à l'heure dite rangés en bataille, sur la position qui nous était assignée. Tout était blanc de neige et morne à serrer le cœur.

Votre père s'était avancé jusqu'à la lisière du taillis. Pour donner un point d'appui à sa petite lorgnette, il s'adossait contre un arbre. Il regardait devant lui. Dans le village en face, dans les bois qui le couronnaient, rien ne bougeait; votre père hochait la tête. Je le vois devant moi, son petit sac sur le dos, avec sa fameuse gourde en bandoulière et son sabre nu passé sous le bras. Sa barbe était couverte de givre. Quand il eut bien regardé, il se retourna. Son œil bleu se promenait sur ses soldats avec un bon sourire encourageant, — son sourire des grands jours. On savait au bataillon ce que voulait dire ce sourire-là.

Il fut le premier à s'agenouiller quand l'aumônier donna l'absolution au bataillon. Car l'aumônier nous donna l'absolution en nous disant que certainement avant une heure beaucoup d'entre nous auraient reçu la récompense de leurs misères et de leur dévouement. Il y avait derrière nous plus de deux mille hommes qui virent les Savoyards à genoux.

On se bat mieux quand on a l'âme en paix. Puis, le clairon sonna.

Tout alla bien pendant quelques minutes. Nous avancions à travers cette plaine blanche qui avait plus de 800 mètres de long, sans tirer un coup de fusil. Devant nous le village semblait toujours abandonné. Il n'avait rien dit quand nous lui avions envoyé cinq ou six obus. Sur notre droite, à moitié chemin, il y avait un cimetière entouré de grandes murailles.

Arrivés à la hauteur de ce cimetière, nous avons tout à coup été pris en écharpe par un feu épouvantable, en même temps toutes les maisons en face, du toit jusqu'au rez-de-chaussée, se couvrirent de feu. Plus de soixante hommes de chez nous et des chasseurs qui nous flanquaient tombèrent à cette première décharge. Nos compagnies de soutien accoururent, mais ne firent qu'ajouter leur morts aux nôtres. Ils jonchaient le sol comme les brindilles de bois après la grêle. On dit que le général fit sonner la retraite. Personne de nous ne l'entendit. Les Savoyards continuèrent à avancer. A peine tiraient-ils, çà et là, un coup de fusil, puisqu'ils n'avaient toujours devant eux que des maisons.

Vingt-cinq ou trente hommes suivaient encore votre père ; tous ensemble arrivèrent au bord d'une rivière, la Lizaine, qui coule devant Béthoncourt. La rivière était débordée, parce que les Prussiens l'avaient barrée en dessous du village. Ils avaient aussi cassé la glace. Deux ou trois hommes s'y étaient jetés et s'y noyaient. Ce fut votre père qui les sauva. Sous cette pluie de balles, il se mit à genoux et leur tendit un fusil. Demandez à Hugard si ce n'est pas ainsi que les choses se passèrent, car Hugard était encore là. Hugard tomba à son tour. Alors il ne resta plus personne debout que votre père. Il revint vers le bois. Pour revenir, il fallait traverser à nouveau ces 800 mètres. Il secouait la tête, mais ne se pressait pas plus qu'à Gaëte. Quelques balles passèrent dans sa capote ; vous les avez comptées le jour de son enterrement ; car ce jour-là on avait tamponné les trous qu'elles y avaient laissés avec des feuilles de laurier.

Votre père a toujours pensé qu'il devait de n'avoir pas été tué à la protection de sainte Chantal dont vous êtes parents.

Je vous ai dit qu'il ne se hâtait pas ; en voici la preuve : un lièvre et un chien parcouraient le champ de bataille en tous sens ; son vieil instinct braconnier ne put résister à ce spectacle, il s'arrêta.

— Vois-tu, mon commandant, me disait-il plus tard, je ne pouvais m'empêcher de penser que ce diable de lièvre avait de la chance...

Hélas ! on n'en pouvait dire autant de nous ! Deux cent cinquante hommes étaient dans la neige, dont 70 morts. Mes enfants, quels hommes admirables que les nôtres ! Saluez toujours le soldat de notre pays : il est plus grand que nous, non par le cœur, mais par la simplicité de son dévouement. Ecoutez. Voici la façon dont mourut un des soldats de votre père :

Il était, je crois, de votre village, et s'appelait Goybet. Depuis notre départ d'Orléans, il manquait à sa compagnie. Le pauvre garçon avait été pris. Je ne sais comment il s'échappa, mais il nous avait rejoints la veille, vêtu d'une soutanelle en morceaux, avec des sabots et un chapeau gris ; son fusil naturellement était resté à Orléans. C'est pourtant dans cet équipage que Goybet prit son rang au moment où le clairon nous donna le signal. Il mit les mains dans ses poches et partit avec les autres. Parmi les blessés il fut des derniers. Une balle lui traversa le ventre de part en part. Les Prussiens le ramassèrent dans la soirée et le transportèrent à l'ambulance de Béthoncourt. Se sentant mourir, il demanda un prêtre. Il n'y avait pas de prêtre dans le village. Ce fut un de ses camarades du bataillon qui l'aida à bien mourir : il expira en récitant un Ave Maria. Quand on meurt ainsi, comme le disait le vieux curé de Saint-Georges, on meurt martyr, martyr livré aux bêtes, car les Prussiens le dépouillèrent le matin venu et jetèrent son cadavre derrière la maison.

Votre père, grâce à Dieu, avait pu rejoindre les débris du bataillon. Il en prit le commandement. Si quelqu'un pouvait inspirer confiance à nos pauvres gens et les faire se survivre, c'était bien lui. Son indomptable énergie reforma les rangs. A Quingey, chargés de protéger la retraite plus que jamais compromise, nos hommes firent encore bravement leur devoir. Puis, à Sombacourt, ils brûlèrent leurs dernières cartouches, et ce fut fini... Que pouvaient la bravoure et le dévouement contre les fautes qui terminèrent la campagne de l'Est?

Votre père fut conduit en Allemagne et interné à Rasdaadt. Quand la paix fut faite, votre mère l'y rejoignit. Sa tendresse fut bien glorieuse de tant de vaillance et d'honneur. Pour une mère, le bonheur d'avoir mis un fils au monde est une espérance. Mais la joie d'une femme en retrouvant celui qu'elle aime, plus grand, plus noble qu'elle ne l'avait rêvé dans son amour, est la joie suprême que puisse supporter le cœur.

XII

Tous deux ensemble vinrent vous retrouver à la Balme. Vous gazouilliez au nid, autour du nid rien n'était changé. L'affection de vos voisins l'avait abrité contre le vent qui soufflait tout autour.

Vainement on avait essayé contre vous des grands mots à la mode ; les braves gens de la Balme ne les avaient pas compris. Chose rare en temps de révolution, la reconnaissance ne leur pesait pas ; chose plus rare encore, ils avaient pris la défense de l'absent. Tant il est vrai qu'il y aura toujours un abîme entre l'estime qui s'attache au caractère et la considération qui suit l'argent, l'influence ou la position. L'une survit à tout, l'autre s'évanouit au moindre souffle contraire.

Les gens à qui la France appartenait depuis le 4 septembre l'ignoraient. Ils crurent de bonne foi que parce qu'ils avaient la considération, nous avions perdu l'estime. On révoqua donc votre père de ses modestes fonctions municipales. Mais voilà que les paysans de la Balme ne l'entendirent pas ainsi ; ils vinrent à Chambéry demander qu'on leur rendit un maire dont ils se louaient fort.

Il leur fut répondu que le comte de Cordon n'était pas un bon républicain.

Vos amis n'y comprenaient rien ; que demandait donc la République ? Un bon républicain pouvait-il faire plus que de se battre ? Au moment où ils parlaient, le comte de Cordon se battait.

Le préfet le savait bien, mais il savait aussi,

mieux que ces naïfs, que pour certains entêtés comme votre père, la France et la République sont choses distinctes. Le capitaine était français, libre à lui de se faire tuer pour la France, mais la République n'y avait rien à voir.

Il maintint la destitution prononcée. A la Balme, l'étonnement fut grand, et grandit jusqu'à la fin de la guerre avec les lettres arrivées du bataillon. Toutes célébraient à l'envi la bonté, les soins, dont votre père entourait ses soldats, qui tous étaient de son village ou des environs.

On ne trompe pas longtemps les hommes de la campagne; ils ont, bien plus que les habitants de la ville, l'instinct de la vérité et le sentiment de la justice distributive. Nul parmi nos voisins ne s'étonna donc de voir votre père après son retour, rendre à chacun selon ses œuvres. On ne l'en estima que davantage.

Un vieux paysan m'a dit un jour après une élection qui mettait en déroute un candidat plein de mansuétude et de charité chrétiennes : « Celui-là ne réussira jamais, parce qu'il n'est pas *vengeur*. »

C'est là une triste vérité, mes chers amis, mais dont il faut, sous peine de passer pour un naïf, tenir compte dans une juste mesure. Votre père fit toujours ainsi, et fit bien. En religion, en politique, il ne sut jamais ce qu'était un compromis, jamais il ne vit la nécessité de faire la part du feu. Bien souvent, je lui ai entendu dire que lorsque le feu prend, il faut tout à fait l'éteindre, et que c'est folie de lui reconnaître le droit de brûler quelque chose.

Il résulta de cette fermeté que la position perdue

fut bientôt reconquise. Vous avez vu pleurer à l'enterrement de votre père ses pires ennemis d'alors; comme châtiment il leur avait infligé cette estime dont je vous parlais tout à l'heure, et cela malgré la fluctuation que les événements imprimaient à l'opinion. La politique comme la marée apporte les hommes au pouvoir et les remporte. Après l'Assemblée nationale, vinrent les élus républicains d'octobre ; puis le 16 mai, dont se vengèrent les 363 triomphants : quel roulis !

On voulut forcer votre père à afficher la flétrissure de ses amis politiques. Il s'y refusa, et fut de nouveau destitué. Je le comprends: son indépendance d'allure et de parole, l'action qu'il exerçait sur les sentiments et le vote de ses paysans, étaient gênantes. Que résulta-t-il cette fois encore de la mauvaise humeur républicaine? Un redoublement de confiance et d'affection autour de lui.

Le comte de Cordon fit dès lors pour ses voisins et ses amis ce que le maire ne pouvait plus faire pour ses administrés. L'un valait l'autre. C'était sans trêve ni repos qu'il harcelait bureaux et préfets lorsqu'une chose était juste et intéressait sa commune.

Tantôt il amenait dans la cour de la préfecture un omnibus chargé de son conseil municipal, et, comme on lui faisait faire antichambre : « Allez dire que le comte de Cordon n'attend pas. »

Une autre fois, il disait son fait à un inspecteur qui affichait une terreur ridicule, parce qu'un abreuvoir avoisinait l'école. Je copie le registre municipal de la Balme :

« Considérant d'ailleurs que les enfants fréquentant l'école seront plus tard de vigoureux agriculteurs, appelés à dompter les animaux dont le voisinage paraît effrayer pour eux M. l'inspecteur primaire, et qu'il est bon d'habituer de bonne heure les enfants de la campagne aux dangers continuels que peuvent leur faire courir les instincts farouches de la race de bétail élevée dans nos paisibles fermes... etc. »

Tel était votre père, plein d'humour et de bon sens.

Il ne se souciait plus de quitter la Balme. Comme toutes les natures vraiment fortes, il avait en horreur l'agitation stérile et les propos inutiles. Personne ne lui connut d'autre ambition que de voir ses enfants bons et braves, et de vivre paisible au milieu d'eux. Votre père se sentait rivé à cette douce existence par le bien qu'il faisait; rien n'attache comme le bien que l'on fait, quoique, chose singulière, le bienfaiteur soit presque toujours seul à s'attacher.

Je ne vous donne pas, mes chers amis, cette théorie un peu sceptique pour une règle sans exception, car l'exception vous l'avez eue sous les yeux. Vous avez vu l'affection et la reconnaissance pleurer autour du cercueil de votre père. Pourquoi l'aimait-on tant? Parce qu'il était à la fois rude et bon, plein de dignité, de bonhomie, de franchise et de générosité. Nos grands parents étaient ainsi. Mais c'est là malheureusement une façon d'être perdue chez nous depuis la mort de votre père. Croyez-vous qu'un autre puisse dire aujourd'hui ce que je lui ai entendu dire à un paysan dont il foulait la récolte? « De quoi te plains-tu, puisque c'est moi? » Je demeurai stupéfait; l'autre s'en alla ravi.

A cette vie si simple le devoir suffisait, sans que ce devoir vis-à-vis de Dieu et des hommes eût jamais à ses yeux de petits côtés. Il se fit servir maigre à une table officielle, où on l'avait malhonnêtement invité à un dîner gras le vendredi. Quand sonnait la grand'messe à la Balme, votre père laissait là ses chiens et son fusil qu'il aimait tant. Donner partout, toujours le bon exemple, était sa grande, sa seule préoccupation.

Votre mère m'a dit que, pendant ces années dernières, votre père eût été pleinement heureux, si Jeanne, votre petite sœur que les gens de la Balme appelaient l'ange de la paroisse, ne fût morte entre ses bras. Alors ce cœur que la mort n'avait jamais ému, fut broyé. Votre père tomba dans une tristesse profonde ; il passait de longues heures sans rien dire, regardant couler le fleuve ou pelotonné dans son grand fauteuil au coin de la cheminée.

Ses amis s'inquiétaient, il les rassurait avec son bon sourire; mais ce sourire, quand même, était triste. A le voir ainsi, on eût dit un voyageur fatigué, assis au bord du chemin, et indifférent au bruit de la foule qui passe.

Dieu ménage presque toujours à ses amis ces dernières heures de recueillement. Mais pourquoi fallait-il qu'une vie si bienfaisante fût si courte, alors que tant d'êtres nuls ou méchants vieillissent pour embarrasser ce monde?

Votre père avait, l'année dernière, quarante-trois ans à peine, lorsqu'il mourut.

La première nouvelle de sa maladie jeta la stupeur parmi les paysans du voisinage. Tous, m'a raconté un témoin oculaire, laissèrent là leurs outils en plein champ et rentrèrent en pleurant dans leurs demeures. Pendant deux jours et deux nuits, ils se pressèrent dans l'escalier qui conduisait à la chambre de votre père. Les pauvres gens avaient, bien plus que le médecin, l'intelligence du danger. Un accident insignifiant, une coupure, allait vous enlever celui que les prières de votre mère avaient si souvent préservé des balles. Hélas! c'est que votre mère n'était pas là!... Elle revint la veille ; seulement alors, le médecin convint du danger. Il essaya de remèdes énergiques, il n'était plus temps; heureusement, il était encore temps de faire venir le prêtre.

Nous, ses amis, n'avons appris la maladie de votre père que par la dépêche qui nous appelait autour de son cercueil.

Il était mort en paix, sans craindre les jugements de Dieu, simplement, noblement, chrétiennement, comme il avait vécu.

Parmi les soldats de tous grades qui ont honoré ses funérailles, parmi ses amis témoins de sa vie, parmi les paysans qu'il a conseillés et soutenus, il n'y avait à son enterrement qu'une même prière confiante...

Dieu a brisé une de ses œuvres utiles ; mais en rappelant ainsi, loin du champ de bataille, celui qu'il avait si bien armé pour le combat, Dieu s'oblige, pour ainsi dire, à défendre lui-même sa cause parmi nous. Cette pensée console notre douleur.

Pour vous, il s'est obligé à plus encore. Il vous a pris votre père. Il vous doit un protecteur. Sur le bord de la fosse où nous avons descendu votre père, vous avez recueilli ses croix, son vieux vêtement de guerre troué de balles. Ces reliques vous parleront, dans sa plus noble expression, le langage de l'honneur humain. Mais, croyez-moi, si vous défaillez, regardez plus haut, regardez dans le sein de Dieu, et priez la grande âme qui vous a tant aimés de vous inspirer.

Mis COSTA DE BEAUREGARD.

La Motte-Servolex, mai 1880.

ÉLOGE FUNÈBRE

DE

M. LE COMTE J. DE CORDON

PRONONCÉ A LA BALME

Le jour de ses Funérailles, 1ᵉʳ juin 1879,

Par le R. P. de CHAZOURNES S. J.

En présence de ce cercueil si prématurément ouvert, il est impossible de se taire, il est difficile de parler. Me taire, je ne le puis, quand je sens tous vos cœurs émus qui réclament un interprète pour traduire au dehors le deuil profond qui les oppresse. Parler, cela est malaisé pour moi, nouveau venu, amené ici comme par le hasard, plein sans doute d'affection pour celui dont la mort nous consterne et de sympathie pour la noble province dont il était l'ornement, mais étranger à vos souvenirs et à vos traditions locales. Je vois d'ailleurs ici une foule d'amis et de compagnons d'armes dont la voix devrait s'élever à la place de la mienne. Ils l'auraient fait, je le sais, si l'immensité de leur douleur ne leur avait donné lieu de craindre que leurs larmes ne vinssent étouffer leur parole. Je les suppléerai donc. Je ne serai que la voix de tout cet auditoire, et l'impuissance de parler à laquelle l'émotion réduit ceux qui m'écoutent sera le premier et le plus bel éloge de celui que vous et moi nous pleurons.

Que dirai-je donc de lui? Un seul mot qui le peint tout entier et qui résume toute sa vie. Ce fut un vrai soldat chrétien. Un soldat, c'est la personnification de la loyauté, du dévouement, de la vaillance, de toutes les vertus mâles et fortes. C'est un homme qui se passionne pour la justice, qui porte noblement le devoir, qui se plaît à s'oublier, mais qui n'oublie que soi. On peut compter sur sa parole, sur son cœur, sur son bras. La qualité de chrétien ajoute à celle de soldat quelque chose de plus élevé encore, de plus pur, de plus désintéressé. Le soldat se dévoue à toutes les nobles causes, le chrétien à toutes les causes saintes et sacrées.

Le grand cœur que nous pleurons avait compris cela. Il se fit le chevalier intrépide de la justice et de la foi, partout où il les vit menacées. Avec cette légitime fierté des vieilles races qui n'ignorent pas que noblesse oblige et qui pousse les âmes généreuses par delà les limites du devoir strict, jusqu'à l'accomplissement des plus héroïques sacrifices, sur les trois champs de bataille où Dieu le plaça successivement, tel nous avons vu, tel nous avons admiré, tel nous avons aimé le comte Joseph de Cordon. Grande leçon qu'il est glorieux à lui de vous offrir, qu'il nous est bon de recueillir autour de son cercueil.

Ce ne fut pas une frivole passion de gloire qui, un jour, l'entraîna aux pieds du Saint-Siège en péril. La gloire, il le savait, c'est la pâture vaine de l'orgueil. L'honneur l'y conduisit, parce que pour lui l'honneur c'était la fleur même de la vertu et ce qu'il y a de plus délicat et de plus fort au fond des très nobles âmes. Un motif plus grand encore l'inspirait : sa foi si vive, si ardente, si généreuse, qui ne lui permit pas de voir son Père, celui de toutes les âmes catholiques, entouré d'ennemis, sans que lui vînt le désir d'aller placer sa poitrine et son épée entre eux et lui. Il partit donc, l'un des premiers, s'arrachant à une vie douce et facile, méprisant ce repos corrupteur où tant de jeunesse s'oublie et se perd, et préférant cent fois à cette oisiveté dorée les rudes labeurs, les privations continuelles et les dangers de tous les instants, qui furent le lot de cette petite et généreuse croisade des temps modernes. Il fallait y déployer plus que du courage, de la constance ; il fallait, par son exemple, persuader une discipline austère à des jeunes gens qui, venus en volontaires, se seraient facilement fait l'illusion de croire qu'on peut être soldat sans s'assujettir à la discipline. Se battre, ils ne demandaient pas mieux ; faire le métier de soldats, ils n'y avaient pas pensé. Plus expérimenté qu'eux, le comte de Cordon le leur apprit et, en le pratiquant le premier, le leur fit aimer. Ceux-là seulement savent bien quelle abnégation il montra qui en furent les témoins. Il fut héroïque en maintes rencontres, sans ostentation, sans jactance, sans même paraître s'en douter. Le devoir était comme son élément naturel, et il semblait y respirer d'autant plus à l'aise qu'il était plus pénible et requérait plus de magnanimité. Je ne dirai rien de plus de cette première campagne, de peur de m'égarer parmi des écueils.

Il rentra dans ses foyers où bientôt, comme une récompense chèrement acquise, vint le visiter le bonheur. Cette période, à quoi bon la décrire, sinon pour mieux faire comprendre ce qu'il lui fallut de courage pour s'arracher, un jour, à tant de joies et courir à de nouveaux périls ? La terre française était non seulement menacée, mais violée par l'invasion étrangère. Une guerre, la plus périlleuse, la plus sanglante, sans gloire et sans espérance, réclamait et glaçait tout ensemble tous les courages. Le comte de Cordon qui avait déjà payé son tribut de sang pouvait s'abstenir. Mille raisons le dissuadaient de courir à la frontière, mille exemptions l'en dispensaient; il y vola. C'est qu'il y a pour le soldat chrétien des heures où le devoir n'admet aucune excuse et où son cœur ne sait point en chercher.

La formule antique, pour définir une guerre où tous les héroïsmes se déploient, disait qu'alors on combat pour ses autels et ses foyers, *pro aris et focis*. Il y a, en effet, une liaison intime entre le foyer chrétien et l'autel. Le foyer chrétien est un sanctuaire, il a sa religion et son culte, composés d'affections saintes, d'obligations sacrées, de souvenirs et d'espérances qui se rattachent à un passé d'honneur et à un avenir de paix et de pureté. C'est pour cela, sans doute, que le vrai patriotisme est excellemment celui du chrétien. Aimer sa patrie cela ne consiste pas à se gonfler, à son sujet, d'un sot et barbare orgueil, à se décorer de ses gloires en méprisant le reste du monde. Non, celui-là aime sa patrie qui, l'associant en son cœur à tout ce qu'il a de plus cher et la confondant avec ses plus pures affections, est prêt à se dévouer pour elle et à la défendre comme on défend ses autels et ses tombeaux.

C'est ainsi que le comprit le comte de Cordon. Il s'arrache à son bonheur ; il vole à la tête de son bataillon de mobiles là où l'ennemi paraît plus formidable. Le péril, il ne l'ignorait pas : il l'envisageait froidement, en mesurait l'étendue et l'affrontait avec une invincible résolution. J'ai entendu ses compagnons d'armes s'écrier: Jamais on ne vit un cœur plus intrépide. Il faudrait ici raconter les traits prodigieux de cette calme bravoure, quand, par exemple, sur les bords d'une rivière glacée, sous le feu de l'ennemi qui de l'autre rive le criblait de balles, il alla tranquillement secourir un de ses soldats qui se noyait et, lui tendant la crosse d'un fusil, le ramena sain et sauf sur le rivage. Ou bien, quand, dans une reconnaissance, rencontrant à l'improviste derrière le mur d'un cimetière, où il s'était retranché, un corps ennemi de beaucoup supérieur en forces, il fit prudemment retirer sa troupe, puis s'avançant seul, à demi-protégé par un pli de terrain, il se mit à inspecter à son aise les lignes ennemies. Six fois il essuya une décharge générale dirigée sur lui seul, sans qu'il daignât se déranger. Puis, ayant fini l'examen qu'il s'était promis de faire, il se retira lentement en criant aux tireurs prussiens : Maladroits ! Ce n'était point bravade : c'était la ferme possession de soi-même qui est le propre caractère d'une âme supérieure. Il ne portait à la guerre ni cette soif sanglante qui saisit les esprits vulgaires comme elle transporte le fauve qui a flairé le sang, ni cet enthousiasme artificiel bon pour un coup de main et qui, comme une ivresse passagère, s'éteint l'instant d'après. Son intrépidité, basée sur des principes qu'il puisait aux sources mêmes de l'honneur et de la foi, était invariable comme eux et le suivait partout. Jamais il ne se démentit un instant.

Mais, au retour, un troisième champ de bataille attendait ce ferme champion de toutes les bonnes causes. La noblesse a deux théâtres où doit s'exercer son activité pour le bien, les camps et les champs. En revenant des premiers, il se dévoua à la culture des seconds. Faire le bien dans ce pays natal, entre ces montagnes, ces prairies et ces fleuves où sa libre nature se trouvait si bien encadrée, ce fut désormais sa passion, parce qu'il sentit d'instinct que c'était son devoir.

Là encore il fut soldat. Qui n'a eu l'occasion d'apprécier ce bon sens suprême avec lequel il donnait un conseil amical à quiconque le réclamait? Qui ne peut citer des traits de cette libéralité qui mesurait les dons moins à sa fortune qu'à son cœur? Qui ne sait qu'il fut constamment et parmi des vicissitudes diverses, avant tout, un homme de grand caractère, prêt à se mettre en avant quand besoin était, invinciblement attaché aux principes une fois adoptés, les faisant passer bien avant ses intérêts, inaccessible à la séduction du succès autant qu'à la crainte de ne pas réussir, courtisan obstiné des causes vaincues, alors que tant d'autres lui donnaient l'exemple de se tourner vers les triomphateurs. A tant de vertus que soutenait la pratique fidèle de ses devoirs religieux, il imprimait le cachet de la perfection par l'admirable simplicité et la modestie qui le distinguaient. Le vœu public l'appela au premier rang dans ce pays où il avait l'estime et l'affection de tous, et quand il en fallut descendre on le vit aussi simple à s'en démettre qu'il avait été dévoué en l'acceptant.

Tel fut ce vrai chevalier de Dieu. Et maintenant que nous reste-t-il de lui? Un grand souvenir, de poignants regrets et ce cercueil. Quel vide il va laisser derrière lui! De tels hommes en disparaissant creusent un abîme qui s'élargit à mesure que s'éloigne l'heure où nous les avons perdus. Car plus le temps s'écoulera, plus se présenteront des rencontres où l'on s'écriera: Que n'est-il là pour ce conseil, pour ce secours, pour cet exemple, pour cette initiative, pour cette influence! Vous le direz souvent, et ce sera son éloge tant que vivront ceux qui l'ont connu.

Hélas! les vides qu'il laisse qui peut les compter et surtout les sonder ? Qui mesurera la profondeur de la perte de ces orphelins si brusquement privés de leur guide, de leur soutien, de leur modèle? Trop jeunes pour le bien comprendre, ils n'en sont que plus à plaindre. Les amis de leur père leur rediront, du moins, ce qu'il fut et leur inspireront la noble ambition de le devenir à leur tour. Mais quelle sympathie sera au niveau de l'inconsolable douleur de cette jeune femme, dont le vieux père n'a pu encore arriver pour essuyer ses larmes et qui n'a eu que quelques heures pour soigner son mari malade et pour se préparer à le voir expirer dans ses bras? Dieu seul a le secret de panser les blessures qu'il a faites. Cette mort a été foudroyante, non point seulement par la violence du coup, mais par sa soudaineté. Qui m'eût dit, quand, il y a quinze jours à peine, je lui serrais la main et je lui faisais raconter quelques épisodes de ses campagnes, qu'il me fournissait les éléments de son éloge funèbre que je prononce en ce moment! Il narrait avec cette simplicité vive et pittoresque qui distingue les hommes d'action. Je prêtais une oreille attentive à son dramatique récit. Hélas! c'était pour célébrer sa mort, et je ne devais plus revoir de lui que ce cercueil.

Ah! du moins, qu'il en sorte pour nous des leçons qui perpétuent ses vertus et le fassent en quelque façon se survivre à soi-même ! Il est devant Dieu. A cette heure, il lui a servi d'avoir été un homme de foi et de devoir. Dieu lui tient compte du sang versé pour la défense de son Vicaire, pour celle de sa patrie et aussi des vertus privées dont il fut pour nous le modèle. Notre tour viendra. Puissent ceux qui salueront notre tombe dire: « Le comte de Cordon n'était pas mort tout entier, ses cendres avaient été fécondes; la race dont il était un des plus fiers rejetons ne s'était pas éteinte en lui. Des hommes de foi, des hommes de cœur, des hommes de caractère, ont continué ce qu'il avait commencé. » Elevons vers Dieu nos pensées et nos prières pour lui, pour ses enfants, pour sa jeune veuve, pour sa famille et aussi pour nous-mêmes, afin que, plus forts et plus fidèles, nous le suivions un jour dans le lieu où se reposent les fidèles et les forts.

Ainsi soit-il.

www.ingramcontent.com/pod-product-compliance
Lightning Source LLC
LaVergne TN
LVHW021005090426
835512LV00009B/2086